기일혜 작가의 끝나지 않은 이야기 5

내 속에는 무엇이 살고 있을까?

기일혜 작가의 끝나지 않은 이야기 5

내 속에는 무엇이 살고 있을까?

창조문예사

 머리말

이번 책 제목은 〈내 속에는 무엇이 살고 있을까?〉
끊임없이 자문自問해 온 주제다.

내 속에는 환상과 연민이 살고 있다.
그래서 반복되는 일상도 환상에 묻혀 지루하지 않았고.
가난하고 연약한 자에 대한 연민으로,
그들에게 숨차게 달려가면서 즐거웠다.

한 일 년 쉬려고 했는데,
어느 독자가 다음 책 기다린다는 글 보고 서둘러 낸다.

2025년 3월 2일

기일혜

 차례

머리말 5

1부_ 반쯤 핀 부케마리아에게

1. 97세 할아버지가 보고 싶은 사람 12
2. 이 티켓 알바해서 예매했지요? 13
3. 쌀을 퍼가지고 가는 집 14
4. 기록은 내 무한 느낌을 차단한다 15
5. 왜 만나고 싶지 않겠어요 16
6. 시골, 그 아득해지는 곳 17
7. 울지 마라! 18
8. 올 한 해는 좀 쉬라고! 19
9. 반쯤 핀 부케마리아에게 20
10. 매원 님에게 물어보면 된다 21
11. 아직도 가스렌지 쓰세요? 22
12. 강아지풀아, 넌 왜 떨고 있니? 23
13. 형부와 언니는 극과 극으로 다르던데 24
14. 사부인의 전화 25
15. 애야, 돈 쓰려고 마라 26
16. 이틀간 눈 오는 것만 바라본 나 27
17. 샤갈의 마을에 내리는 눈과 같이 28
18. 정읍에 가야 한다 29
19. 사랑이란 내가 성장해서 남을 성장시키는 것 30
20. 군자란 가득한 집 31

21. 소리 없이 일하는 여인	32
22. 선생님, 오늘 아침 되게 추워요	33
23. 덕희 님, 꼭 만나고 싶어요	34
24. 40년 전이나 똑같아요	35
25. 언능(얼른) 회복되셔요	36
26. 해남 윤옥이 복지사님	37
27. 내가 한 말은 다 어디에서 살고 있을까?	38
28. 가지밥	39

2부_ 사치奢侈 할머니와 소주 언니

1. 사치奢侈 할머니와 소주 언니	42
2. 명절이면 서울 장 보러 가는 할머니	43
3. 당고모님이 말하는 아버지 3형제	44
4. 평택 사촌과 사치 할머니	45
5. 매일 시장 보는 소주 언니	46
6. 소주 언니, 미안해요	47
7. 더더더- 팬이 보낸 땅콩과 호도	48
8. 아버지는 씩씩하게 잘 있단다	49
9. 60년 산 아내, 도무지 모르는 남편에게	50
10. 일본어 번역본 나오다	51

11. 사랑은 성내지 아니하며	52
12. 슬픈 기억	53
13. 내가 살아오면 3월에 전화한다	54
14. 딸은 부재료副材料일 뿐이야	55
15. 내가 뜬구름 잡는 사람이라고요?	56
16. 색채에 민감한 여인	57
17. 나, 송이버섯 먹는다!	58
18. 허드레 말이 사라진다	59
19. 마음의 노화현상	60
20. 동생의 국어 실력은 우수한 편	61
21. 시처럼 아름다운 전화 한 통화	62
22. 포도나무 가지에 붙어있으면 영생永生	63
23. 가볍게 물 흘러가듯 썼구나	64
24. 누군가 보낸 택배상자 하나	65
25. 단비 님 글은, 단비 님 문학이다	66
26. 멈춰! 멈추세요	67
27. 삐걱거리는 부부의 아침 시간	68

3부_ 은수저를 닦으면서

1. 가장 큰 행복은 희생이다	70
2. 내 집에 있는 것 다 보고 계신다	71
3. 은수저를 닦으면서	72
4. 동생이 준 스텐냄비	73
5. 울밑에 귀뚜라미 우는 달밤에	74
6. 오동잎 우수수 지는 달밤에	75
7. 4월에 오실 손님	76

8. 내가 너무 예술적이었나? 77
9. 명석함에 대하여 78
10. 고흐의 '배꽃' 79
11. 할머니는 글 쓰고 있다 80
12. 작가 방에서 준환자 방 모드로 81
13. 오늘은 책 받는 날 82
14. 홍보면서라도 닮으라고 83
15. 선생님한테 배운 대로 84
16. 아아 문경 사과밭 85
17. 내 마음의 의자 86
18. 별빛 같은 내 사랑아 87
19. 헌 스텐통 4개가 나를 말한다 88
20. 밥은 남겨도 국물은 남기지 마세요 89
21. 사람은 아프면서 산다 90
22. 립스틱 짙게 바르고 91
23. 노르웨이 산 자반고등어 92
24. 우정은 왜 이렇게 어려운가? 93
25. 요리사 선생님을 위하여 94
26. 네 인생, 아직은 봉오리다 95

4부_ 그들은 내 강의보다 내 국밥을 더 좋아했다

1. 토론토 깻잎과 이천 깻잎 98
2. 페르메이르의 "우유를 따르는 여인" 99
3. '자기 미움' 아닌 '자기 추앙' 시대 100
4. 엄마는 라일락 향기 맡으러 나왔다 101
5. 98%만 웃는 나 102

6. 그 웃음소리가 그립습니다 103
7. 내 속엔 무엇이 살고 있을까? 1 104
8. 내 속엔 무엇이 살고 있을까? 2 105
9. 내 속엔 무엇이 살고 있을까? 3 106
10. 선생님 자랑은 자랑 안 같아요 107
11. 가리나무 해서 머리에 이고 108
12. 모든 사람은 흉터가 있다 109
13. 아버지 활연豁然풀이 해드려라 110
14. 우리는 오류를 오가면서 온전한 진리를 발견한다 111
15. 오래된 세 할머니의 사진 112
16. 죽도 아닌 것이 밥도 아닌 것이 113
17. 산국화가 피었네요 114
18. 발레 배우는 시간이 있었어요 115
19. 나는 삼삼한 들판 사람 116
20. 차디찬 군고구마와 커피 한 잔 117
21. 친구에게 보낸 반성문 118
22. 소모적 낭만이라고요? 119
23. 모란이 뚝뚝 떨어지는 날 120
24. 언제나 덕德만 보고 살았습니다 121
25. 친절, 그 위대한 힘 122
26. 그, 그랑프리 김치 123
27. 장어집에서 숯불 피우는 노인 124
28. 무안 숙애 동생에게 125
29. 그들은 내 강의보다 내 국밥을 더 좋아했다 126

1부

반쯤 핀 부케마리아에게

97세 할아버지가 보고 싶은 사람

남편이 안방에서 통화하는 목소리가 보통 때보다 크다.
"아아 오늘은(10월 3일) 휴일이라 경로당에서 점심 안 합니다. 저는 약속 있어서 나갑니다."
내가 묻는다. "누구세요?"
"경로당 할아버지야, 97세… 아내가 많이 아파서 딸네 집에 가 있고 할아버지 혼자 살아… 그 시대에 고등학교 졸업해서 나하고 일본 말도 하고 그래."
"잘 해 드리세요. 머지않은 날 우리 모습이니까…"
"내가 친절하게 잘 해 드리지, 말 상대도 해드리고. 그러니까 오늘도 내게 전화한 거야. 내가 보고 싶다고 안 그런가." "당신이 보고 싶다고요?… 당신이 따뜻해서 그래요. 늙으면 다 외로워서 따뜻한 사람이 좋아요… 당신은 지금 누가 가장 보고 싶어요?…" "쓸데없는 소리…"

'내가 보고 싶다고 안 그런가.' '당신이 따뜻해서 그래요…' 오랜만에 부부가 나누는 정다운 대화다.

이 티켓 알바해서 예매했지요?

며칠 전 원고 마무리 앞두고 어느 독자(60대 초)와 반 고흐전 보러 미술관에 갔다. 그가 오래전에 예매한 티켓, 더 미루면 안 될 것 같아서. 미술관은 붐볐지만 그런대로 감상.

고흐 화집을 공부하듯이 봐서 그날 감상에 도움이 됐고.

전시관 밖 매점에 있는 고흐의 "풀밭" 136,000원. 점원이 할부된다 했으나 남편 카드라 참고… 몇십 년 전, 현대 미술관에서 내가 좋아하는 그림 계속 구입하자, 남편이 어느 날, "그림 사지 말 것!" 그 뒤로 구입 중지.

그러나 지금 나도 많이 변했다. 예전 같으면 알바해서 고흐전 티켓 예매해 준 독자에게 "풀밭" 사드렸을 텐데. 그땐 집에 있는 아끼는 그림도 누가 좋아하면 트럭에 싣고 갖다 드렸는데… 이렇게 날 존중히 여기는 독자에게 점심 대접으로나 그치다니, 인색한 여자가 되었구나.

'따뜻한 마음, 사랑하는 마음'

어디 가고 이렇게 늙어버렸나!

쌀을 퍼가지고 가는 집

내 어렸을 적(중1 정도)에 우리 집이 잠시 고향 읍내 선왕동에서 살 때, 도둑이 쌀독을 다 털어가서 아침에 밥할 쌀이 없었다. 내가 오리쯤 되는 지촌, 친척 집으로 새벽에 쌀 얻으러 갔다. 산 밑 으슥한 신작로 걸어서 갔다. 목숨 같은 쌀— 그런 쌀을 고향 친구가 20킬로 보내서 동네 친구에게 퍼가지고 갔다. 친구는 묵은쌀 먹기에, 새 쌀 밥 자시라고.

쌀을 퍼 들고 가면서 아픈 생각이 많다… 요즘 누가 쌀 퍼 들고 친구네 집에 갈까?

그 뒤로도 두어 번 내가 쌀 봉지 들고 가면, 친구는 빙그레 웃으면서 "쌀을 가지고 오셨어? 무거운데…" 반말 비슷이 순순히 웃으며 받아주는 친구 목소리 표정이, 마음을 적신다. 묵은쌀 먹는 친구에게 새 쌀 먹이려는 내 마음을 그가 알아주어서. 사람은 내 마음 알아줄 때, 마음이 적셔진다. 사람의 생명 뿌리가 '이 마음 속에 뻗어있기에.'

"모든 지킬 만한 것 중에 더욱 네 마음을 지키라 생명의 근원이 이에서 남이니라"(잠언 4:23)

기록은 내 무한 느낌을 차단한다

 오늘 새벽에 커튼 확 젖히고— '주님 오늘도 선으로 악을 이기게 해 주셔요. 제가 어떻게 영물靈物인 악을 이기겠습니까. 제 열심으론 안 됩니다. 주님 열심으로 도와주셔요. 오늘 분당 수내 이 선생(상담사) 댁 처음 찾아가는데, 어제 전화로 말해준 대로만 기억하고 가니 도와주세요.'
 집 찾는 약도를 문자, 메시지로 보내달라면 되는데, 손님 맞이로 바쁜 그를 번거롭게 할까 봐, 미안해서 못하고… 미안해하는 마음도 주님은 보시나, 추운 날 집 찾으며 헤매는 길도 '의미가 있었다.'

 마을버스 번호, 아파트 호戶 수 잘못 기억하고… 앓고 난 몸으로 추위 속에서 헤매면서 생각이 많았다. 생각이 많다는 게 내 소득. 고생고생해서 그 댁에 도착. 들어가서, 얼마 동안 그 댁 창가에 서 있었다. 말이 안 나와서… 새벽부터 서두르고 가슴 떤 천신만고(?)의 시간들— 왈칵 쏟아지려는 눈물 참아내면서 또 생각— '기억은 기록보다 부정확하다.
 허나 기록은 내 무한 느낌을 차단한다.'

왜 만나고 싶지 않겠어요

순천 이 선생 통해 알게 된 독자 장 선생이 내게 글을 보냈다.(이 선생 통해서: 내가 그를 두 번이나 글로 초대한 답례로?)

"… 작가님을 왜 만나고 싶지 않겠어요. 사랑하고 존경하는 사람은 멀리서, 세상을 아름답게 비춰주는 마음이 식지 않도록 기도해 드리고 싶은 마음입니다. 그래서 수필집을 읽고 다음을 기다릴 땐, 작가님의 건강을 위해서 기도하고, 이어짐이 끊어질까 봐 아껴서 읽기도 하고 책 속에서 작가님을 만납니다. 사랑하는 장로님(이 선생), 주님의 마음을 닮은 기일혜 작가님을 만나게 해주셔서 감사드립니다."

그의 글은 또박또박 천천히 내 심령을 두드리는 듯.
그 영혼의 지성소에서 한 마디씩 흘러나오는, 정결함이라고나 할까… 그런 독자는 작가가 만나는 것 아니다.
작가의 무의식 속에 저장해 두면 된다.

시골, 그 아득해지는 곳

  순천 이 선생이 장 선생 글 보내면서 이런 설명도 덧붙이셨다. "장 집사님(장 선생)은 시골에서 농사지으시고 동네 이장님도 하시는 분인데… 참 순진하신 분입니다."

  나는 동네 이장님을 군수나 국회의원보다 더 존경한다. 동네 이장님은 주민들에 대한 애정과 헌신 없이는 감당할 수 없는 직책이기에. 그렇게 어려운 일 하시면서 책도 읽으시고.

  타골은 시를 써서 처음에 농부에게 들려준다. 자기 시의 보편성, 진실성을 알기 위함인가? 도시에는 악마가 살고 시골에는 신이 산다는 말도 있다. 뿌리는 대로 나고, 돌보는 대로 자라는 농작물 보면서 어찌 정직 않고 성실 않으랴…

  그분 글로 내가 많이 정화된다.

울지 마라!

몇 년 전에 오빠가 다리 수술한 적 있다.

입원하는 그날 아침 내가 전화드린다. 내가 우느라고 제대로 말도 못 하니, 오빠가 "울지 마라!…"

그 말에 담긴 깊은 진실성에 사무쳐— 전화 끊고 통곡했다. 내가 태어나 들어본, 가장 깊고 묵직하게 들리는 사람 목소리다. "울지 마라!…"

지금은 수술 잘 마치고 건강하신 오빠. 나는 오라버니라는 존댓말 쓰기도 싫다. 어색하게 멀어지는 느낌이다. 오빠, 하고 부르는 게, 더 정답고 자연스럽고 편안하다.

순천 장 선생님(독자) 글에서도 이런 진실성이— 또박 또박, 천천히 사람 영혼을 두드리는, 그런 남자분이 계시는구나… 그는 마을 이장님으로 농사지으신다. 농사지으면서 생각이 많았을 것. 많은 생각은 글쓰기의 기본이다.

문자가 사람 마음 다 나타낼 순 없지만,

글을 보면 그 사람이 보인다. 다 보인다.

올 한 해는 좀 쉬라고!

내가 어제, 2월 13일 외출했다 와서 기침 심하게 하니, 남편이, "올 한 해는 좀 쉬라고!" 그래도 내게 오는 전화, 허약한 목소리로 계속 받으니— 내 방문을 열고, 하는 남편의 말. "그렇게 전화 많이 하면 폐가 남아나겠는가?"

결핵 앓은 나. 남편 말 들어야 한다.

올해는 쉴까, 생각하고 있는 오늘 아침. 순천 장 선생님 글이 생각나 다시 읽는다. "… 작가님을 왜 만나고 싶지 않겠어요. 사랑하고 존경하는 사람은 멀리서 세상을 아름답게 비춰주는 마음이 식지 않도록 기도해주고 싶은 마음입니다. 그래서 수필집을 읽고 다음을 기다릴 땐 작가님의 건강을 위해서 기도하고 이어짐이 끊어질까 봐 아껴서 읽기도 하고 책 속에서 작가님을 만납니다…" 이 대목,

'다음을 기다릴 땐… 아껴서 읽기도 하고…' 아아 그분이 다음 책 기다리고 있구나… 쉬어선 안 된다. 쉬더라도 이 글 실린 책까지는 내고— 곧 다음 책 준비, 서두른다.

반쯤 핀 부케마리아에게

 동생이 언젠가 오만가지 꽃 만발한 화원에 나를 데리고 갔다. 카페처럼 꾸민 화원. 내 눈을 끈 건 부케마리아. 내가 너무 좋아하니 동생은 사주겠다 하나 무거워서 들고 올 수가 없다. 그 뒤, 동생이 부케마리아 사면서 내 것도 사줬다.
 한 일 년 지났나? 동생 것은 화려하게 피었는데 내 것은 필 생각도 않고. 햇빛 적어서 그럴까, 햇빛 좋은 거실 따뜻한 데로 옮겨 놓았다.
 며칠 전, 꽃잎 비슷하게 붉으스럼하게 피었다. 날마다 들여다보면서 '예쁘다 미안하다.' 그런데 웬일인지, 뭐가 부족한지 부케마리아는 꽃잎 셋 그대로— 기형인 채 성장 스톱.

 성장 멈춘, 기형으로 못생긴 내 부케마리아… 그래도 동생 집 만발한 것보다 더 마음이 가고 안쓰럽다. 못났어도 내 것이니까… 하나님을 생각한다. 내가 아무리 흠결 많은 못난이라도— 아니 그럴수록 더 사랑하신다. 왜?
 내가 그의 자녀. 그의 심장 나눠 가진 자기 새끼니까.

매원 님에게 물어보면 된다

 시골에서 농사지으시는 순천 장 선생님 글에 대한 내 생각에 편견은 없나? 하던 때, 매원 님 전화다. 나는 그에게 장 선생님 글 읽어주고 나서, 그의 소감을 묻는다.

 그 글에 대해 당신도 나와 같이 공감하느냐? 내 느낌이나 생각이 편향적이진 않고. 그의 반응은 기대한 것 이상. "어떻게 남자 분이 그렇게 깨끗할 수가 있지요?…"

 타골이 시를 쓴 후 농부에게 읽어주듯이, 나는 내 글을 가끔 매원 님에게 읽어주고 객관성을 알아본다. 그는 성품이 깨끗하고. 젊은 시절 어려운 직장생활 하면서도 책 많이 읽은 독서가요, 내 책 독자다. 내가 커튼 빨 때 허물없이 부를 사람. 내 비현실성을 이해하고 커튼 빨면서도 내가 문학 얘기할 수 있는 독자 친구다.

 그는 나와 같이 비현실적이면서, 현실적이기도 하니까.

아직도 가스렌지 쓰세요?

 정수기 관계로 '우리 코디 님'은 안 오시고 담당 팀장님이 오셨다. 그는 용건으로 여러 말씀하다가 우리 집 가스렌지 보더니만, "아직도 가스렌지 쓰세요?"
 나는 당당하게 "예 아직 우리 집 형편이 안 돼서 그럽니다." 그래도 팀장님 가실 때,
 "우리 코디님 아주 성실하고 유능하십니다. 부탁하는 의미에서, 제가 쓴 책 한 권…"

 어느 천재 음악가(외국) 어머니 말씀이 생각난다. 아들이 세계적인 음악가 돼 부유해지면서 어머니에게 도움 드리자, 그 어머니는 거절. 나는 내 남편의 수입 안에서 산다. 이게 내 인생이다. 내 자녀들에게도 들려주고 싶다. 나도 남편 연금으로 가난 만들며 이렇게 사는 게 내 인생.
 그래도 너희들이 많이 도와줘, 내 책도 많이 사다 나누고.
 그래도 아직 어머닌 인덕숀 쓸 형편 아니야.
 사람은 다 제 분복대로 사는 거야.

강아지풀아, 넌 왜 떨고 있니?

내가 주방에서 가장 힘든 곳이 가스렌지 앞. 음식 하려면 창문 열고… 음식은 시간 조절이 중요해서, 정신 차리고 내 떠도는 여러 생각들 잡아서 가스렌지 앞에 붙잡아매야.

피곤하고 지친다. 그럴 때, 가스렌지 앞에 꺾어다 놓은 강아지풀 본다. 긴장이 풀리고 숨이 쉬어지면서 내 몸이 순해진다 할까. 누가 보면 우스운 짓이라고 하겠지만.

내가 가장 사랑한 강아지풀.

오래 두어도 변함없이 여리고 보드랍게 살랑거린다.

강아지 풀, 나약한 사랑스러움이여, 너도 나처럼 늘 떨고 있구나… 나는 독한 사람들 무서워서 떨지만 넌 왜 그렇게 떨고 있니?… 떤다는 건 살아있다는 것.

미풍에도 파르르 떠는 연한 새잎들은,

얼마나 푸르게 살아있는가.

형부와 언니는 극과 극으로 다르던데

형제들이 모여 점심 먹고 헤어진 이튿날,
동생이 전화 중에 한 말이다. "어제, 형부하고 언니, 말하는 것 들어보니까, 극과 극이데." "극과 극이지, 나는 비현실 초현실이고 늬 형부는 완벽한 현실이고."

"그래서 언니가 힘들어 하는 것 같네. 언니 영양실조 같아." "입맛이 없어서 그래." "우리 집에 와서 한 일주일 있으라고. 내가 해준 밥 먹고 힘내소."

"고맙지만 형부 혼자 두고 가겠니?"

"저런다니까— 자기 몸도 돌보면서 살아야지."

그러나 극과 극은 남편이 말한 대로 수미상관首尾相關.
그 뜻은, "머리와 꼬리, 처음과 끝이 서로 어울려 통합…"
극과 극은 서로 통합되어 하나가 된다는 말로도 해석된다.
비현실은 현실 도움 받고,
현실은 비현실 도와주며 상생하는 것.

사부인의 전화

며느리 편에 보낸 내 책 읽고 전화하신 사부인. 말씀을 잘 하신다. 솔직하고 담백하게. 나는 주로 듣는 편. 긴 통화 중, 이 말씀에 놀란다. 참으로 의외의 말씀이다.

바깥사돈어른께선 예의범절이 교본 같은 분. 나도 그 앞에선 무례할까 봐 조심할 정도로. 그런데 사부인 말씀이,
"남편(며느리 아버님)이 딸 만나면 항상 시부모님께 잘해라, 전화도 자주 드리고… 만날 때마다 딸에게 말해요. 그럼 나는 옆에서, '사부인(기일혜)이 나보다 더 ○○(며느리)이 사랑하니까 괜찮아요,' 해요."
사부인의 나에 대한 인성人性을 초월한 전적 신뢰!
사람은 전적 신뢰 앞에 끝없이 낮아지면서 무너진다.
나를 과대평가하신 데 놀라면서도,
"제가 아무리 사랑한들 친정어머니만 하겠어요. 그런 어머니가 되도록 해야겠습니다."

애야, 돈 쓰려고 마라

'고급 화과자와 많은 용돈이 내겐 안 필요하다. 네(며느리)가 어느 날 사들고 온 붕어빵 몇 개면 족하다. 이 어머니에게 돈 쓰지 마라… 지금까지 한 걸로도 족하다. 나를 더 아프게 마라. 혈육보다 더 진한 건 하나님 성령으로 하나 된 인격의 관계, 우리 고부간도 그렇다.'

"무릇 하나님의 영으로 인도함을 받는 사람은 곧 하나님의 아들(딸)이라"(로마서 8:14)

(생각지도 않았는데, 아들 편에 며느리가 보낸 화과자와 용돈 받아 들고 하는 내 생각.)

그 무렵, 설 연휴에 여행 가며 공항에서 전화하는 아들 곁에 선 다른 며느리, "어머니 저도 옆에 있어요." "그래 많이 쉬었다 오너라… 난 항상 네 편이다."

하나님은 그 많은 자녀에게 꼭 나 하나만 사랑하신 것같이 사랑하시면서 '네 편'이라 하신다. 무슨 편 가르기 아니다— 네가 어떻게 해도, 네 허물 다 덮고 너를 사랑한다—

하나님 사랑의 불변 영원성을 말씀하신다.

이틀간 눈 오는 것만 바라본 나

얼마 전 눈이 곱게 흩날리는 이틀간, 나는 가만히 앉아서 창밖의 눈만 바라보았다. 깊은 안식이다. 계속 눈이 왔으면 —며칠이고 더 내렸으면— 나는 왜 이럴까?

그동안 심령이 많이 다치며 살았기 때문이다. 이 땅에 몸 붙이고 사는 삶은 나를 다치게 한다. 이 나약한 심정으로 사는 하루하루가 아픔이요 고통이다. (남들도 많이 그럴 것)

참고 살다 보니 자연히 신음소리만 깊이 쌓이고. 이 신음의 응어리 다 풀어내려고 눈만 바라보고 있나?

"왜 신음을 해? 말로 하지." "말이 안 나오니까요…"

남편도 이해할 수 없는 이 신음의 잔재들. 그냥 하염없이 바라보는 흩날리는 눈이, 한 켜 한 켜 내 신음으로 굳어진 응어리를 녹여내고 있다.

친구는 눈이 오면 딸이 승용차로 시댁 갈 때 미끄러우면 어떡하지 걱정한다는데, 난 그 눈이 더 왔으면 하고 있으니, 내가 한심하다고 할 것이다.

샤갈의 마을에 내리는 눈과 같이

"고모~ 잘 지내시죠. / 샤갈의 마을에 내리는 눈이 그려지는 주말이에요…"

내 조카(오빠 아들)가 묻는 용건에 대한 답글 보내고,
뒤에 따로 보낸 내 글이다.

"우리 조카(기○석) 글은 예의지심과 겸손과 예술적 감성이 살아있어서— 그 매력으로 학생들이 모여드는 것이지(조카는 영어학원 원장)… 자랑스럽네.
'샤갈의 마을에 내리는 눈이 그려지는 주말이에요…'
이틀간 창밖에 내리는 눈만 바라본 환상의 작가 고모에게— 그 이상 멋진 선물이 없었다네."

"포근한 눈에 고모 거실 그림이 떠올랐어요… 감사합니다."
"내가 더— 고마우이."

정읍에 가야 한다

많이 앓고 나니, 가야 할 곳이 있다. 정읍— 정읍엔 나를 작가 언니라고 부르는 두 독자 동생이 있다. 또 집 지을 때부터 날 초대한 분도 계시고. 한 번은 독자 동생이 그해 거둔 갖가지 농산물을 가득 넣은 택배 상자 보냈다.

이렇게나 많이— 무서웠다. 그 뒤부터 그를 멀리(?) 했다.

오래전, 충북 영동 한 교회에 갔는데, 그 뒤 여선교회에서 갖가지 농산물을 큰 택배 상자 두 개가 터지게 보냈다. 그걸 다 거실에 풀어놓으니— 그만 어지럽고 멀미가 났다. 그때 대학생인 아들이, 엄마가 살려면 이걸 즉시 다 없애라고 해서 즉시— 103동 어려운 분 댁으로, 아파트 비상구 열고 이어 날랐다. 다 없어지자 내가 살아났다.

그러나 이제 그때와 내 생각은 많이 다르다. 정읍에 가서 그들을 만나야 한다. 나를 위해서 보낸 마음의 물질이요 사랑이다. 그간 박절했던 나, 사과하고 그들을 만나고 싶다.

초대한 집에도 가서 인사드리고.

사랑이란 내가 성장해서 남을 성장시키는 것

아내가 성장하면 남편도 같이 성장해야 가정이 평안하다고 생각한다. "부부 상호교육"

그건 아내인 내 기본 생각. 그래서 아이 낳고 그 아이 사랑하니까, 그 아이 아버지가 대학 안 나오면 안 되겠기에 (그때 내 부족한 생각) 중단한 대학공부 늦게라도 시작— 그 뒤, 내가 소설가 되자, 남편도 성장하라고 40 넘은 남편 대학원 진학— 영어 어려워 코피 흘리면서 공부했다.

"사랑이란 내가 성장해서 남을 성장시키는 것."

내가 글 쓰는 것도 독자와 같이 내 마음, 생각 나누며 같이 성장하자는 것. 그러나 내가 평범한 아내, 어머니라 일상적인 이야기가 많다. 일상은 내가 체험한 것이기에 자신 있게 말할 수 있고, 사람은 저마다 달라도 일상은 비슷하기에 쉽게 이해도 되고… 나는 거의 사실 그대로 쓰다 보니, 자랑 같이 들릴 때가 많다. "…의인은 없나니 하나도 없으며"(로마서 3:10) 그러므로 사람의 글은 표현만 다른 자기 자랑, 고백 아닐까? 내가 너무 구체적이고 사실적일 뿐.

군자란 가득한 집

 천신만고 끝에 찾아간 수내 이 선생(상담사) 댁. 집 찾느라 애 태운 마음, 얼마간 진정하고 나니 그댁 거실이 보인다.

 군자란이 많다— 우람한 군자란, 작은 군자란, 군자란 비슷한 난이 3개나 창 쪽으로 줄줄이. 거실 저쪽 먼 산 능선이 보이는 창문 곁 다탁 위에도 우거진 진초록나무 분.

 그 댁 안주인은 여리여리한데 거실 꽃나무들은 씩씩한 군청색. 안주인에게선 수녀의 순결 분위기도 있는데, 그의 귀걸이는 반짝이고. 언밸런스다.

 "남편이 화려한 걸 좋아해서 남편과 외출할 땐 옷 색깔도 화려한 걸로 택해요."

 오후 5시 20분 그 댁을 막 나서는데, 그 댁 현관문이 스르르 열리더니 청년 장교 같은(60대) 남편이 우뚝 나타난다. '아아 군자란 같이 선이 굵게 잘 생기셨구나… 거기에 소년 같은 함빡 웃음이 만발하시니!…' 나는 놀라서 그를 낯설게 본다. 내게 낯설다는 건 신선함의 다른 표현이기도 하다.

소리 없이 일하는 여인

조용하고 차분하게— 소리 없이 일하는 수내 이 선생.

여자가 소리 없이 일한다는 건 미덕이다. 음식 하나하나를 아기 만지듯 살살 가만가만 만들어낸다. 그렇게 일 많이 해서 그런가. 오른손 팔목이 아프다고. 군자란 같은 그의 남편이 '어디 밥 안 하고 사는 곳 없나?…'

아내가 밥 안 하고 살 곳이 어디 있을까만, 소년 같은 그 남편의 말이 아내인 내게도 꿈결 같이 들린다.

이 선생은 손님들이 11시까지 도착하는데, 10시에 장봐다 준비했다. "늘 하던 음식이라 쉽게 해요. 내가 좋아하는 음식이라 즐겁게 했어요."

큰 식탁에 놓인 휴대용 인덕숀에서 온갖 채소가 보글보글 끓는데 얇은 고기가 조금씩 던져지고… 오후 5시, 그 댁 나설 때까지 메리골드 차와 색다른 간식이 계속… 여주인의 잔잔한 분위기에서 내 앓음도 치유되는 듯.

선생님, 오늘 아침 되게 추워요

 그날 두 달 만의 장거리 외출이라 긴장 섞인 떨림으로 있는 아침, 내 책 만드는 출판사 실장님 전화다. "… 선생님 일본어 번역본 책 보내려는데, 김 선교사님과 연락이 안 돼요." "아 오늘 제가 그 선교사님과 연락하는 분 만나니, 알아볼게요." "… 선생님 오늘 아침 되게 추워요."

 공적으로 알게 된 출판사 편집실장님(여)이 내게 한 말이 따뜻하게 남는다. 그 말, 가슴에 담고 몇 번이나 되뇐다. 실제로 소리 내어 반복도 한다. "선생님 되게 추워요… 선생님 되게 추워요." 언니가 동생에게 추우니까 옷 단속해서 입고 나가라고 일러주는 말 같다.

 추운 날 오랜만의 외출에 잔뜩 주눅 들어있는 나를 어루만져 준다. 이 따뜻함은 내가 논현역에서 신분당선으로 환승할 때까지 계속—그런데 그 환승로에서 들리는 어느 남자의 거칠고 날카로운 한마디, "그럼 안 되지요!!" 그 무서운 큰 소리에 내 따뜻함이 확 가신다.

덕희 님, 꼭 만나고 싶어요

사람 매력이란 가지가지다.

영암 독자 덕희 님은, 내가 전화해서 얘기하면 "그러재 이, 그러재 이…" 반말 투 같은데 정답다.

무슨 말을 해도 반론이 없고 전적인 수긍이다. 그런 그에게 가끔 전화한다. 오래전 그가 나를 영암 자기 집으로 초대했는데, 식사는 시이모님(93) 댁. 밥상에 나온 김치가 한 4가지인데 맛이 다르게 일품. 물어보니, 이모님 솜씨라고. 지금도 이웃에 사시는데 그가 돌봐드린다.

"…덕희 님, 언제 수원(아들 집)에 와요?… 그때 이모님 담근 김치 좀 갖고 와요. 수원에서 우리 그 김치에 밥 먹고 놀게. 아, 며느리 집이라 안 돼— 당신, 내가 왜 이리 만나고 싶어 한 줄 알아? 김치 아니야… 당신 얘기는 꼭 가을 무밭에서 쑥 뽑아, 그 자리에서 깎아 먹던 무맛이라 그래. 요즘 그런 무맛 나는 사람 없어요."

우리는 다음에 수원역에서 만나기로 약속한다.

40년 전이나 똑같아요

 정확하게 26년 전 처음으로 미국 집회 갔을 때. 내 집회 주최 측인 복음신문사가 워싱턴에 있어 내 숙소도 거기 있었는데, 만나는 교인들이 많이 하는 말씀. "강사님은 변질되지 마세요. 한국에서 유명하다는 강사님들 다 여기 왔어요. 그런데 나중에 다 변질되더라고요."

 며칠 전 내 첫 수필집 처음 만들 때 근무하신 편집실장님께 내 책 보내고 나눈 전화 통화.

 "아이고 작가님은 '내가 졸고 있을 때'(수필집 1권) 쓰던 40년 전이나 지금이나 똑같아요 똑같아… 김 선생님(남편)도 여전하시고 아드님도 여전히 와서 도와주시고… 아니, 아내 핸드폰 들고 갖다 주러 가는 남편이 어딨어요?"
 "그게 그렇게 대단한 거요?… 아닌 것 같은데."

 그와 전화 중에 내가 한 말, "한번 생긴 사람 마음이 어떻게 변해요." 어떻게 한번 생긴 마음을 내가 바꿔. 그건 창조주나 하실 일이다. (나도 모르게 나도 많이 변했으면서도…)

언능(얼른) 회복되셔요

"소영 님. 제가 독감 앓은 후, 무리한 외출로 몸 상태 다시 나빠져 외출 삼가고 있습니다. / '그 권사님들 만남' 다음 기회로 미뤄야 할 것 같습니다. 용서하시고 선처하셨으면— 거듭 죄송한 마음입니다." / "아구~ 무슨 말씀을요. 언능 회복되셔서 건강하신 모습으로 다시 뵐 수 있기를 바랍니다. 수요예배 드리고 와 이제사 핸폰 봤네요…"

"따뜻하고 다정한 위로 말씀. 힘이 납니다. 소영 님이 이렇게 따뜻, 다정하신 줄 몰랐어요. / '언능 회복되셔서' 세련된 소영 님이 이런 표현하시니 좋아서 미소 지었습니다. 그날 헤어질 때 쯤, 제가 유치해서 좋다고 하신 말씀도 편안하게 남아 있습니다."

내가 아파서 이런 소영 님 마음(글)을 받았다. 아픈 게 나쁜 것만 아니다. 몸 건강보다 아픔에서 많은 걸 배우고 느낀다. 오죽하면 〈병상의 축복〉이라는 책도 있다.

해남 윤옥이 복지사님

해남 윤 복지사님께 책 보냈더니 받고 주신 글이다.
"시끄런 마음이 차분해질 때를 기다려 보내주신 이야기책을 열었습니다. / 반갑고도 부끄런 마음 // 장난을 많이 치시던 이○순 권사님(내 친구 같은 분)은 1월 16일 소천하셔서 이제는 그리운 이름이 되셨습니다. / 101세 되신 권사님 한 분은 며칠째 곡기를 끊으시고 하나님 나라로 이사 가실 준비를 하고 계시네요. // 그리고 // 시골 교회 목회하는 동생 부인인 사모를 먼저 불러 가신 일로 한동안 슬픔에 빠져 있었으나 이 땅의 수고가 끝났으니 자유케 하신 것 또한 은혜임을 가르쳐주셨습니다. // (…)"

"보내주신 글. 평범한 듯 비범한 글.
읽기만 해도 제 인생이 풍성해집니다. 윤옥이 복지사 선생님은 성직자이십니다. 생명의 마지막을 보살펴 천국으로 보내드리시니. 담담, 잔잔하신 글이 깊습니다."

내가 한 말은 다 어디에서 살고 있을까?

내가 날마다 한 말은 다 어디에서 살고 있을까?… 말은 살아있어서 없어지지 않고 어딘가에 살아있다고 한다. 내가 말한 상대의 가슴속에, 그리고 내 귀 만드신 하나님 귀에 남아 있을 거라고.

"말이 씨가 된다." 말이 살아있다는 뜻. 내 인생 진로를 바꾼 씨가 된 말씀이 있다. 내가 육아일기 공모에서 모범상 받았을 때, 주최 측 이 총무님이, "기일혜 씨, 글을 잘 써요." 그때까지 내가 글 잘(?) 쓰는 줄 정말 몰랐다.

그분 말 듣고 시험 삼아 전국주부백일장에 나가 장원하고. 심사위원장인 소설가 임 선생님 추천 받아 현대문학에 소설가로 등단했다(36세).

그때 이 총무님 말씀 아니었으면 난 평생 글 쓸 줄도 모르고 살았을 것. 지금도 내가 글 잘 쓴다고 생각 안 한다. 글솜씨는 없으나 어떤 생각이 많다고나 할까? 그 이 총무님 말씀 한마디가 내 인생 진로를 바꾸듯— 내 글(말)이 누군가의 인생 진로를 '선하게 바꾸는' 계기가 되었으면 한다.

2부

사치奢侈 할머니와 소주 언니

사치奢侈 할머니와 소주 언니

 내가 오랫동안 다니던 친지 집이 있다. 내가 허물없이 집안 얘기하면 "아이고 복잡해라— 명절에 서울 장 보러 간 친할머니(양할머니 아님)는 사치 할머니, 소주 많이 마시는 사촌 언니는 소주 언니라고 해요!" 그의 강한 조언— 싱싱하다. 그렇게 정리하고 나니— 나도 얘기하기가 수월해지고.

 어머니 말씀— "그 할머니(사치 할머니) 오래 사셨으면 재산 안 남아났을 거라고, 어른들이 말씀하시더라."
 할머니는 아버지(5세), 숙부님(3세), 막내 숙부님 낳고 젊은 나이에 가셨다. 얘기가 왔다 갔다— 내가 등단해서, 친구와 어느 원로 소설가(남) 댁 방문. 집안 내력 묻기에 대강 얘기했더니 내게 대하소설 써보라고. 나는 짧은 단편소설 체질인데, 그래도 산문은 강물처럼 쏟아낸다 할까?

 오래전 사촌 오빠 장례로 고향 갔을 때, 사치 할머니 안다는 늙은 노파가 나를 노려보더니만, "할머니(사치) 같구만!…"
 문학도 누구에겐 양식, 누구에겐 사치가 아닐까.

명절이면 서울 장 보러 가는 할머니

사치 할머니 얘기는 다 어머니께 들었다. 어머니는 집안 할머니들에게서 듣고. 그 시절 가계부 쓰고 서울로 명절 장 보러 간다고 집안에서 말이 많았나?… 할머니는 친정아버지가 서울에서 벼슬살이해 서울 왕래가 어렵지 않았나 보다. 그러니까 서울로 명절 장 보러 가고.

소주 언니도 자기 친언니 배실 언니와 몇 년 할아버지 모셨는데, 할아버지도 사치성이 농후— 한 번은 미식가 할아버지가, "배실아, 서울 가서 대구포 사 오너라." 그런데 복어포(?) 사 왔다. 할아버지 호통에, 다시 서울 가 대구포로 바꾸고… 내 고향에선 기 씨를 "기 깔깔이"라고. 어느 목사님은 '신랄함' 자기 은사라는데, '깔깔함' 내 은사인가.

내 결백에 걸려, 소설 추천도 몇 번이나 거부했으니까. 손해도 감수하는 못된 내 결벽도 깔깔한, 기 씨 집안 내력인가.

당고모님이 말하는 아버지 3형제

 순창 당고모님. 그는 시도 쓰고, 바느질 솜씨 좋아 쪽보 전시회도 준비한 재원. 그가 그 시절 말해준 아버지 어렸을 때 얘기, "늬 아버지 3형제가 설이면 순창 큰집으로 세배 온다. 양복 입고 시계 차고. 우리 촌것들은 방 안에 숨어서 구경했다… 늬 아버지가 몰래 애국가도 가르쳐줬다."

 어머니 일찍 여의고 남자들(조부님은 웬일인지 주방 일에 남자 도우미만) 속에서 자란 아버지 형제들은 무심하고 잔정이 없다. 어머니는 잔정 없는 남편에게 말 못하고 내게 말했다.
 "봉사님 마누라는 하늘이 점지한다고 저렇게 세상 물정 모르는 양반, 나 같은 여자 만났으니 망정이지 다른 여자들 만났으면 다 도망갔다."
 그러나 어머니도 그 시대 개성 강한 처녀. 무슨 일로 두 분 결혼이 파혼지경— 그러자 아버지 아니면 시집 안 간다고 밥 안 먹고 드러눕자, 외딸 살린다고 서둘러 결혼. 선본 아버지가 미남이라 그랬을까, 착한 성품이 느껴져 그랬나? 어쨌든 그 시대 어머니도 보통 처녀는 아니었나 보다.

평택 사촌과 사치 할머니

평택 사촌 동생(60대 초)이 어느 날 내 며느리 독주회 장소, 예술의 전당 홀에 나타났다. 하얀 세모시 한복 차림. 그가 앞자리로 가는데 뒤에서 보니, 자신만만 당당하게 걸어가는 자태가 좌중을 압도. 그런 그녀를 처음 보았다.

세모시 한복은 사치 할머니 유품인데, 막내아들인 자기 아버지(내 숙부)가 물려받았다고, 사촌은 평택 사는데, 서울 딸 집에 가려면, 딸 가족에게 폐 끼치기 싫어, 딸 집 근처 고급 호텔에 묵는다. 그건 사치일까? 여유와 멋일까?

그래도 4차원 별명 가진 그 사촌 만나면 내 맘이 편안하다. 처음 사촌 집에 갔을 때 기억이 생생하다. 그와 나 두 사람 식탁에 놓인 반찬들이 소복소복 가득가득 — 굴비도 한 10마리 구워 놓고, 여름이라 열무겉절이도 작은 오지항아리에 가득. 그런 식탁의 풍성함은 어려서부터 멘토(?)였다는 나에 대한 환대인가? 식탁도 풍요로움 넘치게 차리는 통 큰 미식가의 사치인가?

매일 시장 보는 소주 언니

　일찍 부모님 잃고 할아버지 댁에서 그의 언니와 살았던 사촌, 소주 언니. 그 할아버지도 돌아가시자 서울 어느 친척 집에서 가사도우미로 살았다. 그 뒤, 친한 언니가 어린 아들 넷 두고 세상 떠나자— 동정심에서 그 네 아이들 돌봐주다, 처녀 언니는 그 애들 아빠와 결혼해 아들 하나 낳고. 남편과 트럭으로 생선 장사해서 아들 다섯 키웠다.
　남편 죽자— 음식 솜씨 좋은 언니는 식당 열고. 늙어버린 지금은 외아들과 살고 있다. 언니는 이틀에 소주 한 병 반, 밥은 하루 한 공기나 들까? 87세 체중이 38kg. 그런 그가 매일 빌라 4층 계단 오르내리며 시장 간다.

　왜 날마다 시장 가느냐고 하니, 아들이 입맛 까다로워 매일 싱싱한 새 반찬 해야 해서— 그 체중으로 사는 것도 힘든 노년인데, 날마다 4층 계단 오르내리며 시장 보러 다니다니, 홀아비 아들 넷 키워 결혼시킨 희생으로 그는 늙마에도 건강하나? 생명은 참 불가사의하다.

소주 언니, 미안해요

 소주 언니도 내 사촌인데 학교 공부도 못하고 온갖 고생 다 하며 살았을까? 얼마나 한 맺혔으면 이틀에 소주 한 병 반, 담배 피우고— 모든 것이 내 잘못, 우리 부모 잘못인 것 같다.

 그래서 한 번은 봉투 하나 만들어 들고, 그 언니 찾아갔다. 언니가 전에 나 만나서 하던 말이 생각나서.

 "내가 미용학원에라도 다녔으면 미장원 하면서 그 고생은 안 했을 거다. 내가 트럭에다 생선 싣고 다니며 몇십(백) 개 토막 내서 팔고 나면 어깨가 움직이지도 못할 때가 많았다."

 "언니, 그때 우리 어머니라도 언니를 거뒀어야 했는데, 못 하셨네요. 어머니를 대신해서 용서를 비니 받아줘요."

 언니 답은 의외로 간단했다. "늬 어머니 잘못 아니다. 그때 늬네 집도 어려웠다. 애들 많고 다 가르칠라니까."

 "그래도 어찌 됐든 잘못했어요." 6·25전쟁 만나, 언니네 집이 풍비박산風飛雹散 — 그럴 때 친척들이 도와야 했는데… 두고두고 소주 언니 볼 면목이 없다.

더더더- 팬이 보낸 땅콩과 호도

　오랜만에 동네 친구 집에 들렀다. 이런저런 얘기하다가 생각났는지 그는 땅콩 봉지 하나 들고 오면서 말한다. 지난 몇십 년, 학원 유명 강사였던 그의 말이 이어진다. "그 잘나고 똑똑한 제자들 다 어디로 가고— 어젯밤에 그 부족한 제자가 이걸 문 앞에다 놓고 갔네요, 보름이라고. 내가 막 야단쳤지요. 뭘 갖고 왔으면 선생님한테 말을 하고 가야지!…"

　내가 일어서는데, 친구가 남은 땅콩과 호도 든 봉지 준다.
　"남편 선생님 갖다 드리세요."
　집으로 와 남편에게, "당신, 더더더— 팬(누구보다 더더더— 자기가 열성 팬)이 드리라고 합디다."
　가만히 보니, 남편은 가관. 우선 땅콩만 까서 혼자 먹고, 나머진 꼭꼭 싸서 놔둔다. 나더러 한 개 먹어 보라고도 않고. 집에 견과류 있지만 그래도, 괘씸한 생각이 들다가 만다.
　'그래 나는 남편 어머니니까,
　애들은 자기 입 밖에 모르는 거야.'

아버지는 씩씩하게 잘 있단다

그날 아침 아들에게 전화한다. "컴퓨터 마우스가 흔들린다." "뺐다 꺼보세요. 컴퓨터도 껐다 켜보시고."

"엄마가 많이 앓아서 원고는 천천히 보낼 거야." "천천히 하세요… 아버지는 잘 계시지요?" "아버지는 씩씩하게 잘 있단다. 늬 엄마 볶아치면서—" 품위 없는 엄마 말이다.

그날, 늦은 아침 준비하는 아내. 주방 싱크대에 뭘 늘어놓았단 남편 지적에, "60년 살아도 나를 모르네. 내가 생각이 여럿이라 정리 못 한다고 해도!… 나도 맘먹으면 예술처럼 깨끗, 아름답게 한다고요." "어제 저녁에도 김 봉지만 꺼내놓고(식탁에) 들어가 버렸대. (안 썰어놓고)" "…… 내가 지금 신음하며 밥 하는데, 정리정돈이 중요해요?"

얼마 뒤, 아내가 갑자기 하하하— 아까 아들에게 고자질한 말이 생각나서— '아버지는 씩씩하게 잘 있단다. 늬 엄마 볶아치면서' 남편에게 그대로 말해주니—

남편은 의외로 "그거 우문현답이네."

아내 하하 웃음에 부부 불평이 녹는다. 웃음이 약이다.

60년 산 아내, 도무지 모르는 남편에게

글을 쓰다 보면 가슴 녹아들 때가 여러 번. 어젯밤은 녹는 정도가 태풍급. 글(5집) 완성해서 보내려는데, 컴퓨터(오래 됨)가 이상한 반응, 원고 다 날아갔나! 경악해서 아들에게 전화하니, 다음날 와 본다고. 어떻게 밤을 보내고, 아침에 켜보니 컴퓨터 정상—아들에게 오지 말라 하고.

태풍 지나고 난 아침. 밥만 차리고 멍하니 서 있다가 무심히 한 내 말, "내가 엊저녁에 한바탕 울고— 태풍 지나고 나서 다시 보니, 글이 부족한 데가 잘 보이데요. 그래서 태풍도 필요한가 봐요." 그러자 곧 남편—생선조림에서 가시 발라내면서, "… 잔가시가 이렇게 성가시다고…"

아내 말 전혀 듣지 않았다. 들리지 않았다.

"모르는 건 손에 쥐어줘도 모른다." 60년 살아온 아내 맘 속 태풍 소리, 안 들린다.

그래도 그래도…… 수미상관首尾相觀 — 남편 현실, 아내 초현실이 서로 도우며 살아야— 아니면, 낱말 맞추기 게임(TV)에 나온 촌 할머니 말처럼 남편은 "평생 웬수"

일본어 번역본 나오다

드디어 내 수필집 일본어 번역본이 나왔다.

일본으로 보내는 번역본 880권 11박스.

배편으로 보내는 운송료는 522,599원. 나는 이 운송료 전화로 듣자마자 걱정. 남편은 또 무슨 돈을?… 할 것이고.

그래도 나는 호기롭게 출판사 실장님께, 880권 중 번역하신 곤노 목사님 500권, 380권은 그동안 수고하신 김 선교사님께 드리라고. 운송료는 내가 전액 부담(자비 출판이므로).

남편에겐 운송료 50만 원, 큰돈이다. 어떻게 말할까?… 동생들 생일이면 오빠는 돈을 준다. 내 생일 달, 7월까지 내가 안 죽고 살면— 그때 그 돈 받아 갚을 테니, 남편에게 운송료 대납해 달라고— 내 생일 저당 잡힌다. 지난날도 남에게 돈 쓸 때마다, 내 인생 남편에게 저당 잡혔다.

"여보 내가 아파서 병원 입원했다 치고 돈 좀 주시오."
결혼기념일, 생일 등, 얼마나 저당 잡혔는지… 이것도 내가 사는 즐거움이요 방법. 그때마다 저당 잡아준 남편이 고맙다.

사랑은 성내지 아니하며

얼마 전부터 왼쪽 무릎이 가끔 아프다. 걷는 덴 지장 없고. 내가 한 40년 전 젊은 친구와 도봉산 갔는데, 고소공포증 있는 나를 험한 산비탈로 인도. 소스라치게 놀라면서도 말 못 하고 뒤따라갔다. 나중엔 기어가듯 가다 넘어졌다.

못 일어나서 친구 부르니, 그는 대답이 없고— 어떤 장애자 청년 부축 받아 평지까지 겨우 내려갔다.

그렇게 다친 다리 끌고 가다, 도중에서 친구 만난다.

불러도 왜 그리 쏜살같이 내려갔느냐 하니, "야간대학 수업 시간 늦을까 봐, 그래도 늦어서 포기했다고." 나는 그럴 수도 있겠지 하고 섭섭함 참고.(사랑은 성내지 아니하며)

그 뒤, 한 달 이상 침 맞았어도 간혹 그 무릎이 아팠다. 그때마다 '하나님 제가 참았어요. 안 아프게 해 주세요.'

그렇게 40년 지난 지금, 그 다리는 멀쩡한데 다른 쪽 무릎이 아프다. 이건 주님이 그때 내 참음 보신 증거 아닌가.

억울해도 참아라— 하나님이 보시고 더 좋게 하신다.

슬픈 기억

시 쓰는 친구 집에 가서, 그가 쓴 시를 읽는다.

"골목은 대낮인데도 어두웠다 / 갓 시집온 새색시,
쌍가락지(금) 손에 들고 / 전당포 가는 길 //
4층 건물 꼭대기 올라가는 좁은 계단, /
낙서들 즐비한 허름한 벽을 지나서 드디어 그곳! /
좁은 철문엔 닭장 와이어가 얼기설기 쳐져 있고 /
작은 쪽문 사이로 /
40대 남자가 인사 없이 쳐다본다 //
그리고 얼마 뒤, / 돌아오는 계단은 온통 뿌옇기만
했다." ― 박순례 시, 「슬픈 기억」

그 슬픈 기억들이 우리를 키워냈다.
이렇게 튼튼한 나무로, 충실한 알곡으로.

내가 살아오면 3월에 전화한다

긴 소파를 창가로 옮겨놓고, 새벽에 일어나면 먼저 하늘을 본다. 오늘 새벽엔 하늘 보면서 친구들 생각한다. 혼자 의식주 해결하기 어려워 집 정리하고 요양병원에 들어간 친구, 새벽에 눈 뜨면 낯선 환경이 얼마나 어설플까? 그렇게 깔끔하신 분이 다른 환자들과 공동생활 한다는 게… 나는 그만 울음을 터뜨린다. 그날이던가, 어린 시절 친구 전화 받는다.

"일혜야 나 24일 심장 수술한다. 의사들이 나는 고위험군으로 분류했다. 나는 수술 안 하고 천국 가고 싶지만 애들이 하라고 해서— 내가 살아서 오면 3월에 전화한다."

그 친구를 가슴에 품는다. 또 한 친구는 보행 어려워 실버타운으로— 여러 친구들이 정든 집 떠나 시설로 간다. 바로 내 일 같다. 사람보다 하나님을 더 사랑하면, 사랑하는 사람 떠나도 그렇게 슬퍼 안 한다지만— 나는 어려울 것 같다.

딸은 부재료副材料일 뿐이야

50대부터 지금 85세 까지 계속 많이 아픈, 내 어린 시절 친구가 있다. 그는 딸만 있는 친구다. 내가 그에게 말한다.
"자네는 딸이 많아서 위로 많이 받고 사나?"
"일혜야, 내 말 좀 들어봐라. 내가 이렇게 안 늙고 덜 아플 땐 나도 딸이 좋다고 생각했다. 그런데, 이렇게 늙고 아프니까 깨달아지는 게 있더라. 일혜야, 딸은 부재료야."
"그럼, 아들은 주재료고? 둘 다 아닌 것 같은데…"
나는 아픈 친구에게 더 이상 말 안 했다.

자녀는 내 인생의 재료나 부재료가 아니다. 믿음 있는 친구가 잠시 인간적인 생각을 했나 보다. 주님 자녀인 우리에겐 삼라만상이 재료, 우리는 그 재료를 사용하는 만물의 주인이고. 그래도… 늘 연약하고 외로운 인생.
이웃, 친구라는 인생 도우미가 필요하다.

내가 뜬구름 잡는 사람이라고요?

내 방에 있는 모네 그림 "개양귀비가 피어 있는 들판"
거실에 있는 걸 내 방으로 옮겨놓고 본다. 양귀비꽃 찾아 드는 온통 자욱한 들판… 나는 '자욱한' 형용사를 좋아한다. 그 자욱함 속에는 내 환상이 살고 있어서… 남편은 이런 내게, "그 뜬 구름 같은 생각 좀 그만하라고—"
난 뜬구름 같은 생각이 많은 사람. 금 긋듯 정확한 이성 앞에선 주눅이 든다.

질녀 아들 티안이 네댓 살 땐가, 우리 집에 왔다. 내 동생인 할머니 따라서. 마냥 좋아라고 그림 많은 거실을 뛰어다니다가 개양귀비꽃 들판 그림 앞에서 멈추자, 내가 물었다. "여기 그림 중 뭐가 좋아?" 아이는 "개양귀비가 피어 있는 들판" 가리킨다. 어린이도 미에 대한 감각 감성이 있다.
그래서 꽃 한 송이, 흰 구름 푸른 하늘이 있어야 하고,

뭣보다 따뜻한 사람이 있어야 한다.

색채에 민감한 여인

 동생이 이사 간 광주 집에 소파 들이는 날. 인터넷으로 주문했다는 소파 색이 '허여멀건한 회색' 맘에 안 든다. 내가 "회색이네…" 곧, 소파 가지고 온 아저씨가 나를 나무라는 듯 영어 발음으로, "그레에에이!(그레이)" 동생이 웃으며, "(언니는) 색채에 민감한 여인이랍니다."
 아저씨는 침묵. 내가 다시 아저씨에게 하는 말,
 "그레이(회색)도 수십 가지지요, 그런데 이 그레이는 희미하게 좀 그렇다는 겁니다."
 아저씨가 말없이 일 끝내고 가자 동생은,
 아저씨의 영어 발음, '그레에에이―' 흉내 내면서 깔깔대며 막 웃는다. 그 아저씨가 내게 그레이도 모르냐는 듯, 어투가 못마땅해서 한마디 했지만, 나도 그에게 잘난 척한 것 같다.

 나는 사람을 보면 입은 옷 색깔이 먼저 느껴지고, 그다음에 표정, 말씨 등. 입은 옷 색감에 따라 그가 따뜻해지기도 하고 무서워지기도 한다. 이것도 부끄러운 내 결점 중 하나다.

나, 송이버섯 먹는다!

얼마 전에 결혼한 친구 따님 신혼집에, 시아버님이 오면서 자기 산에서 딴 송이버섯 표고버섯 가지고 오셨다.

친구는 그걸 몇 개 내게 주면서, 먹는 방법 가르쳐준다. 물에 씻지 말고 솔로 흙과 먼지 잘 털어내고, 그걸 잘게 찢어서 그냥 먹으면 향이 더 있고, 참기름(소금)에 찍어 먹으면 맛이 더 있다고. 친구가 가르쳐준 대로 해서 식탁에 내니,

남편은 앉아 시식하기 전 갑자기, "나 송이버섯 먹는다!"

'어머나 유치하게 저게 뭔 소리여… (난 더 유치하면서)'

친구에게 남편이 유치하게, '나 송이버섯 먹는다!' 했다고 하니, "어머, 바깥 선생님은 소년 같다! … 글에서도 보면 선생님은 소년 같은 데가 있어요. 그러니까 소녀 같은 작가 아내를 감당하시지요…"

친구는 무조건 남편 편, 나는 무조건 남편 편 아니고… 가까이 있는 사람(남편)은 언제나 평가절하 당한다. 객관적으로, 하나님 사랑으로 봐야 제대로 보는데, 그게 어렵다.

허드레 말이 사라진다

"아버지, 지금 아버지 주무실 시간인데…"

아들 집에 사시는 아버지께 50대 딸이 전화하니 받는다.

"글 안 해도 지금 잘라고 한다." "… 생각하면 아버지가 내게 뭐 해주신 것도 없지만(?) 아버지가 계신다는 것이 얼마나 든든하고 감사한지… 주무실 시간인데도 아버지께 전화했어요. 주무실 시간인데도 이 말이 꼭 하고 싶었어요… 돌아가신 어머니 생각이 나는데, 아버지라도 계셔서 얼마나 든든한지 몰라요. 아버지, 이런 딸 안 낳았으면 어쩔 뻔했을까. 딸이 있어서 이런 쓸데없는 말이라도 하고…"

"그러니까 웃제, 안 그러면 웃을 일이 없제…"

엄격한 아버지 웃게 만든 건 그래도 딸의 무례한(?) 듯한, 허드레 말. 엄격한 사람일수록 허드레 말 해주는 사람이 필요하다. 아버지들이 막내딸 좋아함은 온갖 귀여운 허드레 말로 가장의 무거운 짐 덜어주기 때문 아닐까?

성가신 허드레 말이라도 재밌게 하는 아내가 편하듯이.

마음의 노화현상

어제 외출 중인데 중학교 친구 백 선생 전화다.
"얼마 전에도 전화했었는데, 안 받아서…" "그랬어? 미안해! 지금은 밖이니, 집에 가서 내가 다시 전화할게…"

이튿날 아침 백 선생에게 전화. "내일 '홀수 금요일이네' 자넨 홀수 금요일만 일정 없다고 했지. 내일 우리 집에 와… 원고 마감 앞두고 있지만 원고 쓰는 것보다 먼저 친구 만남이지… 원고는 밤 새워 쓰고 친구를 만나야 하지 않겠어?"
"그건 일혜 생각이고 다들 안 그래."

요즘 보통 노년들은 영양 풍부, 운동 넘치게 하고. 그런데 정신, 마음은 메말라 간다. 굳어지는 마음의 노화현상, 늦추는 약은 없나? 음식이나 운동 말고 또 뭔가 없나?
"의미 있는 삶" 정신, 마음 건강 요건 중 하나라고 한다.

내게 의미 있는 일은 무엇일까?
하나님 말씀을 내 몸으로 살아서—
글로 전하는 일이라고 생각한다.

동생의 국어 실력은 우수한 편

 올봄(2021)에 동생 따라 계양산행. 한참을 오르내리면서 반환지점에서 쉬는데 동생이, "언니, 장원급제 했네."

 "너는 사람 칭찬하는 말도 참 재미있게 한다. 장원급제라니?" "언니보다 젊은 사람들도 같이 와봤는데 여기까지 오기 힘들어 해. 그래서 언니는 장원급제했다고… 언니, 여자들은 왜 얘기할 때, 요점 없이 이 말 저 말 하는지 몰라."

 "수다가 그런 것 아니냐. 두서없이 생각나는 대로 말하는 것." "학교 다닐 때 국어시간에 뭘 배웠는지 몰라. 그때 전과지도서(참고서) 보면 '전체의 뜻' 있지. 그걸 배웠으면, 말을 간추려 요약해서 해야지, 요점이 뭔지 모르게 늘어놓는 여자들 있어."

 "그래서 '요점으로 날아가는 지혜'란 말도 있다."

 그날 산행 마무리할 때, 뭔가 '생각거리'가 있다.
 자매간 대화에도 생각거리가 있어야— 그런데, 얘기할 때 요약도 필요하지만 두서없이 늘어놓는 것도 괜찮다.
 그것도 그 사람의 자연스런 모습이니까.

시처럼 아름다운 전화 한 통화

눈이 많이 쌓인 엄동설한 어느 날,

양평 덕촌리 허영자(80대 초) 님이 전화하셨다. 내가 보낸 책 받고 고마워하시는 말씀인데. 그 말씀 하나하나가 기억은 안 되지만, 전체적인 느낌이 시처럼 고아한 여운으로 남아서 나를 어루만진다.

전화가 끝났어도 한동안 그 어루만짐은 지속된다. 왜 그랬을까?… 설명할 순 없지만— 요즘 그렇게 겸손하고 따뜻하고 연하게… 그렇게도 상대를 존중히 여기는 마음 흘러넘친 음성으로 전화하는 분 없다.

'마가렛 같은 허 선생님, 지금 덕촌리엔 눈이 쌓였다는데, 그날 만발했던 마가렛 향기가 지금도 전해집니다. 청초와 소박함, 고우심과 후덕함을 겸하여 지니신 당신.

오늘 아침 당신의 전화 한 통화는,

제게 시詩 같은 아름다움입니다.'

포도나무 가지에 붙어있으면 영생永生

내 작가의 첫사랑인 순천은, 보고 싶은 사람들이 많은 그리운 곳이다. 내가 초등학교 1학년 때 가르친 제자가 목사 사모인데, 한동안 소식 없어— 내가 다시 전화해서 연락이 되고, 오늘 아침은 그 제자 남편인 순천 윤 목사님과 통화했다. 그분 말씀이다.

"은퇴하고… 요즘은 아파트 뒤 난봉산(순천)을 가는데, 한번은 내가 하나님께 물었지요. (우리에게 하나님 말씀 생각나게 하시는 성령 하나님께) '영생永生이 무엇입니까?' 그때, 요한복음(15장)이 생각나게 하면서… '포도나무(가지: 예수님)에 붙어있으면 영생이다, 떨어져 있으면 영벌이고.' 이렇게 말씀하시더라고요." 포도나무 비유로, 영생을 이리 쉽게 말씀하시다니— '언제나 소년 마음이신 윤 목사님'

만나서 대화하고 싶지만 순천은 서울에서 머언 곳—
멀어서 그리운가, 그리워서 멀어지는가.
아 복사꽃 착한 여인, 강수자 목사님도 순천에 계시지!

가볍게 물 흘러가듯 썼구나

사범학교 동기인 기○자 친구가 내 책 읽고 말한다.
"글이 참 가볍게 물 흘러가듯이 썼구나." "그래 자네가 잘 봤네. 이번 글 〈언니, 가을인가 봐요〉 쉽게 읽혀지게 썼네."

쉽게 읽혀지는 글이라고 내가 쉽게 쓰는 건 아니다.
여기까지 오는데, 많은 세월이 지났다. 소설가로 등단한 지 50년— 글 쉽게 쓰기 어렵다. 잘 쓰려는 기교 없어져야 하고 사물을 객관적으로 바라보고, 통과해야 할 문들이 있다. 뭣보다 신(하나님) 앞에 정직해야 하고.
사람 앞에 정직하기도 어렵고. 나는 늘 글재주가 없다고 생각했다. 지금도 그렇고. 이제는 글재주가 그렇게 중요하지 않다는 생각에 이르렀다. 글재주가 깊은 글 쓰기를 방해한다고도 생각한다. 아티스트 조지 시걸은 말했다.
"예술가는 탁월한 솜씨를 보이는 것이 아니라 어떤 생각을 표현하는 것."
글재주보다 사물에 대한 깊은 사유와 사랑하는 마음이다.

누군가 보낸 택배상자 하나

 영하 12도, 체감온도 영하 17도라는 아침. 매섭게 추운 날. 자녀들 친구들 이구동성으로 외출 말고 집에만 있으라고. 더 외출하고 싶다. 늙고 추워도 감정은 살아있다.
 어제, 분당 수내 간 일 생각하다 혜선 님 생각이 나 전화. 감기로 내 책도 주문 못 했다 해서— 내가 책 들고 간다.
 그 댁 도착해서 점심 후, 혜선 님 시 "나팔꽃 아침" 본다.

"이른 아침 누군가 보낸 택배 상자 하나 / 남빛 나팔꽃 한 다발 들어 있다 // (주님이 주신) 오늘이라는 선물 / 하루를 꽃처럼 피어 / 봄 나무처럼 살라고— /
 청남빛 생명의 정기 / 내 가슴속으로 파고든다.

"오늘—" 오늘 하루는, 주님이 택배로 보내신 선물,
"남빛 나팔꽃 한 다발"
우리 잠든 영혼을 깨우는 하나님의 노크소리다.

단비 님 글은, 단비 님 문학이다

내 책 보시고 단비 님이 보낸 글.

그의 글은 그의 문학이다. 단비 님 글, 내가 객관적으로 보면서 배운다.

"선생님의 책을 읽고— 마치 귀한 조각천으로 한 땀 한 땀 엮어낸 자연스럽고 따뜻한 퀼트 작품 같은 느낌을 받았습니다. 그리고 작은 물고기가 팔딱거리고 뛰노는 생명력이 피부에 와 닿는 듯했어요. 책 121쪽에, '두세 평 남짓 되는 베란다 정원의 아늑 무한함— 사람에게 필요한 건 한 끼 밥에 고요와 햇빛 조금 그 이상 더 무엇이 필요하랴.'

이 글이 저에게 가난의 영성으로 사신 선생님의 귀한(?) 인격을 만난 것 같아, 잠시 시간이 정지되는 느낌을 받았습니다. 아~! 그렇게 살면 사는 게 참 수월하겠구나. 하는…"

나는 그렇게 수월하게 단순하게 살고 있다.

땅에 것에 가치 안 두고, 위에 것을 바라보려고 애쓰면서.

멈춰! 멈추세요

혜선 님 댁에서 장연 님 시도 읽었다.
제목 "하늘을 향해 높이 오르기"

"하늘을 향해 높이 오르기를 원해 / 바람을 뚫고 구름을 통과하기를 원해 / 멈춰! /
바벨탑이 무너질 때가 생각 나니— / 멈춰!"

"디카 시" 쓰는 장연 님. 재치 있는 짧은 시도 좋지만, 말미에 보낸 글도 좋다.
"죄송해요~ 그저 다니면서 느껴지는 대로 쓴 글인데~~ /
늘 힘을 내서 지내시기를…"

시를 쓰든, 감자를 심든—
사람 마음 움직이는 건 겸허하게 나를 낮추는 마음이다.

삐걱거리는 부부의 아침 시간

아침 시간. 아내가 남편에게 웃으면서, 시비조는 아니나 약간 언성 높여 말한다,

"아니, 며칠 전 ○석(조카)이는 잔정이 많다니까, 당신이 말했지요. 우리 애들은 나 닮아서 잔정이 없다고… 그런데, 당신은 뭔 복으로 잔정, 큰정 많은 아내 만났냐고— 내가 말했지요?(더 웃음) 그런데 생각해 보니 당신은 잔정 큰정 없어도 책임감 있는 사람이더라고요. 책임감은 정에 의지를 더해야 하니— 정보다 크지요. 안 그래요?"

남편은 아내 말 듣기 싫으면 일을 재촉—
"빨리 아침 주라고, 경로당 나가봐야 하니까."
"한마디만 더— 정보다 큰 책임감으로 아내 받아주는 남편… 이 사회나 가정은 이런 책임감으로 움직이지요. 문학은 그 삶을 정으로 부드럽게 감싸주는 윤활유고."

삐걱거리는 부부의 하루가 또 시작이 된다.

3부

은수저를 닦으면서

가장 큰 행복은 희생이다

정선 김 원장님이 보낸 글이다. "…저는 2024년 7월로 요양원 폐업을 하였습니다, 경영난도 있었지만 제가 몸도 건강치 못했고 자녀들도 안 하겠다고 해서… / 31년 동안 어르신들과 함께 동고동락하면서 320분이 하늘나라로 소천하셨습니다. / 기일혜 선생님과 만난 지도 꽤 오래된 것 같습니다. 늘 출간만 하시면 책을 보내주셔서 너무 감사했습니다. 선생님 덕분에 위로도 받고 힘들고 어려울 때마다 큰 힘이 되었습니다. / 이제 다 내려놓고 나니 안 아픈 곳이 없도록 온 전신이 아프고 저리지만 후회는 없습니다.

이젠 저도 저의 나머지 여정을 잘 마무리하여서 주님께 아멘 할렐루야로 기쁨으로 갈 수 있도록 기도하고 있습니다. / 선생님 너무 고맙습니다. / 많은 은혜를 입었음에도 소식도 전하지 못하여서 죄송합니다. 감사합니다. 건강하세요. 언제 뵈올런지요… 쥐눈이콩, 밥에 넣어 드세요."

나는— 그에게 도스토옙스키의 말, 드린다.

"인간으로서 가장 큰 행복은 희생이다."

내 집에 있는 것 다 보고 계신다

정선 김 원장님이 보낸 청국장 두 판, 쥐눈이콩 두 봉지. 나는 친구 친지가 보낸 물질을 받으면— 이 물질이 가장 필요한 분이 누굴까? 생각한다. 요즘 알게 된 한 독자인데, 청국장 보니, 장이 나빠 고기 못 드신다는 그가 생각난다. 청국장은 장에 좋아, 즉시 한 판 갖다드렸다.

그 뒤 남은 청국장, 국 끓이려고 청국장 판(덩어리)에 손 내미는데, 손이 주춤— '왜 손이 멈춰지지?… 이건 내가 먹을 것 아니란 뜻? 이 청국장이 그 독자에겐 약이고 내겐 식품이니, 약이 될 그에게 다 드리라는 뜻이구나… 다음날 집에 남은 청국장과 쥐눈이콩 그에게 갖다 드렸다.

주님은 내 집에 뭐가 없고, 있는지 다 보고 계신다. 내가 쌀 떨어졌는지, 돈을 쌓아두고 있는지… 내 머리칼 하나까지도 소중하고 아까워서 다 세시는 분— 내가 그때그때 하나님 말씀 못 듣는 건, 내 마음이 욕심에 가려져서.

"욕심이 잉태한즉 죄를 낳고 죄가 장성한즉 사망을 낳느니라"(야고보서 1:15)

은수저를 닦으면서

치약 쓰고 남은 쪼가리 싱크대 서랍에서 꺼내서 때가 낀 남편 은수저 닦는다. 곧 은빛으로 찬란하게 빛난다. 이 찬란한 은빛!⋯ 내 죄의 때도 이렇게 벗기면 얼마나 좋을까? 내 죄의 때— 무엇으로 벗기나? 예수님의 생명인, 예수님 피(생명 말씀 사랑)로만 닦아진다.

초대교회 그리스도인들을, 세상 사람들은 사람 피 먹는 자들이라고— "⋯인자의 살을 먹지 아니하고 인자의 피를 마시지 아니하면 너희 속에 생명이 없느니라"(요한복음 6:53)
이 말씀을 오해한 것 같다. 생명은 피다. 내 양할머니는 젊은 남편 숨 거두려 하자 손가락 벤 피, 남편 목에 넣었다. 지금은 예수 피, 하며 기독교인 경원시하는 시대 아니다. 예수님 말씀대로 안 사는 신자를 비난할 뿐.
기독교는 관념적 종교 아니다. 현실에 뿌리박은 영성,
예수님 말씀대로— 일상에서 살라는 말씀이다.

동생이 준 스텐냄비

 동생 집에 가니 새것 같은 스텐냄비 하나 준다. "언니 멀쩡한 새것인데 버려져, 내가 갖다 소독했어. 언니 가질래?" "그래, 그런데 늬네 아파트는 왜 그리 좋은 것들 많이 버린다냐? 우리 아파트는 노인들이 많아 버리는 것 없어, 젊은 주부들은 멀쩡해도 잘 버리더라."

 동생이 준 스텐냄비 들어보니 좀 무겁다. 스텐은 무거울수록 좋은데, 젊은 주부들은 무거우면 싫어한다. 팔에 힘이 약해서? 나는 옷과 그릇, 있는 것으로 대강 산다.
 한 번은 중학교 친구 집에 갔더니, 며느리가 오면 새 냄비 내놓고, 며느리 가면 헌 냄비 꺼내서 쓴다고. 우리 또래 시어머니들은 왜 헌 것 쓰면 부끄럽고 창피스러워할까?
 나는 오래된 헌 것 쓰면서 당당하기로—
 새것, 신제품 좋아하는 신세대에게, 헌 것도 아껴 쓰는 구세대가 고개 숙일 필요가 없다.
 각 세대는 그 세대 만이 지닌 생활관이 있다.

울밑에 귀뚜라미 우는 달밤에

겨울 이른 아침(영하 7도) 거실로 나가니 춥다. 보일러 고장. 남편은 자고 있어 못 깨우고, 서글프게 아침 준비하는데 저절로 흥얼거려지는 동요, "울밑에 귀뚜라미 우는 달밤에 / 길을 잃은 기러기 날아갑니다. / 가도 가도 끝없는 넓은 하늘을 / 엄마 엄마 찾으며 날아갑니다."

얼마 지나서 거실로 나온 남편이 내게 묻는다. "무슨 노래를 그리 슬프게 부르고 있어?" "보일러가 고장 났어요. 곤히 자는 당신 깨울 수도 없고… 심란한데, 나도 모르게 이 동요를 부르니, 이상하게 진정이 되네요."

남편이 곧 손전등 들고 보일러 보러 가면서 하는 말.
"보일러야, 보일러야 너는 왜 우리 마님을 슬프게 하느냐?"
그만 웃음이 터진 나— 남편 유머 한마디에 고장 난 보일러가 준, 이 겨울 아침의 짜증 불만이 날아간다.

오동잎 우수수 지는 달밤에

오동잎 우수수 지는 달밤에 / 아들 찾는 기러기 울며 갑니다 / 엄마 엄마 울고 간 잠든 하늘을 /
기럭기럭 부르며 찾아갑니다 /

집에 왔다 가는 아들을 현관문에서 배웅한다. 헤어지면서 아들은 두 손 모으며 기도를 부탁. 아들은 전에 긴 복도 아파트에서 대학 다닐 때도, 현관문께서 배웅하고 섰는 엄마 향해서 두 손 모아 기도해 달라면서 갔다. 얼마 전 그날도
"엄마, 기도 많이 해주세요."
기도 부탁하는 아들에게 해준 내 대답은,
"엄마 삶이 다 너를 위한 기도인데…"(세상 엄마들 마음은 다 나 같을 것)

"엄마 엄마 울고 간 잠든 하늘을…"
엄마 잃은 기러기와 그 엄마를 생각하면서 나도 눈물진다.

4월에 오실 손님

 우리 집 거실 한 쪽에 차 마시고 담소할 공간을 마련했다. 긴 나무 의자에 긴 탁자, 앉아서 그림 보면서 차 마실 수 있게— 오늘 아침 만들었는데, 낮에 하 교수(여)가 책 가지러 왔다. 얼마 전 출판사 사옥 이전으로, 지하 서고에 남아 있던 내 책을 실어왔는데, 그중 안 본 책 있으면 골라 가겠다고.

 고른 책을 두 손에 무겁게 들고 가서, 오늘 아침에 그가 보낸 글이다.

 "어제 제가 너무 무리하게 오래 얘기해서 죄송합니다. 저는 분에 넘치게 너무 좋았습니다… 양손에 책을 가득 들고 오다 선바위역에서 책을 좋아하는 한 사람을 만났습니다. 다음에 선생님을 초대하고 싶었어요… 책을 읽으며 맑고 밝고 고운 마음 영성을 본받고 싶어요… 마음 부자가 됐습니다."

 "책 안 읽는 시대에 책 열심히 읽는 당신, 언제나 환영합니다. 그리고 당신 친구 황 선생, 선바위역에서 만난 책 좋아하는 그 사람—4월에 오실 손님으로 기다립니다."

내가 너무 예술적이었나?

　정희 님 부군인 남편 장로님은 화가시다. 그분이 주신 작품이 우리 집 거실에 있다. 가로 세로 15센티 정도 되는 소품이라 뒷면에 백지를 대고 그림을 돋보이게 했다. 그 그림을 보고 있으면, 내가 자란 동부꽃 피던 고향 들판 집이 그리워지기도.

　그날, 정희 님을 갑자기 오시라고 한 건, 갤러리 같다는 우리 거실 아름다움이 내일이면 사라지겠기에. 하늘 아래 새것 없다는 말씀처럼, 세상 것은 시간 지나면 낡아지고 먼지가 앉는다. 거실이란 공간도 그날, 그날 내 정서에 따라 아름다움이 만들어지다 사라지기도 하고.
　그 아름다움 사라지기 전에 이 거실, 그에게 보여드리고 싶어서— 내가 너무 예술적이었나?

　그날, 그는 놀랄 정도로 내 정서에 공감하셨다.
　세상 모든 것 아름다움은 찰나적, 오래 지속되지 못한다.

명석함에 대하여

　명석함이란 말이 있다. '생각이나 판단력이 분명하고 똑똑하다' 나를 똑똑하다고 하는 사람들이 있는데, 난 불만이다. 소심해서 말 못 하고 참고 사는 삶이 많은데, 어쨌든 고흐 그림 보면서 그의 명석함과 몽환적, 환상에 대해 생각한다.

　유명한 고흐 그림 "노란 보리밭과 측백나무" 볼 때, 좀 답답하고 어떤 한계를 느꼈는데, 그건 명석한 그림에서 느껴지는 한계 아니었을까? 고흐 평자評者는,
　"…얼핏 보면 그는 격렬한 사나이로만 보이나 그것은 일면일 뿐, 이 작품이 갖는 안정감, 섬세함, 조화, 억제는 또 다른 일면으로 부각된다."
　고흐도 이 그림(노란 보리밭과 측백나무)을 내가 그린 가장 명석한 작품이라 했다. 그렇다면 나는 고흐의 명석함보다 몽환적 환상을 좋아하나?
　그러나 삶은 명석한 지혜를 요구한다.

고흐의 '배꽃'

 양평 서후리 숲속의 고 선생 댁, 2층으로 가는 계단 옆 벽에 있는 고흐 그림 '배꽃' 고요한 경이로움이랄까… 그 댁 계단에 앉아서 오래 보았다. 고 선생 댁 고흐의 '배꽃' 우리 집 그림 다 들고 가서 바꾸고 싶은 애들 같은 심정이 들기도 하는 그림이다.

 "… 작열하는 태양빛에 황금색으로 물든 대지, 멀리 보이는 감색벽紺色碧의 청정한 하늘, 왼편의 검푸른 숲이 절묘한 조화를 이루면서 모든 존재물들에게 명석한 이념을 부여한다. 소재들은 둔탁하면서도 확실한 윤곽선과 선명한 고유색을 지녀, 대담하게 자기 존재를 주장하고 있는데, 배나무에 탐스럽게 핀 배꽃들이 무슨 사연을 말하는 듯 독특한 분위기를 만들고 있다…"

 '배나무에 탐스럽게 핀 배꽃들이 무슨 사연을 말하는 듯, 독특한 분의기를 만들고 있다…' 참담한 고통과 불행, 비극적인 고흐 인생을, 그의 배꽃은 조용히 말하고 있다.

할머니는 글 쓰고 있다

 겨울 아침 일찍 일어나 글 쓰고 있는데, 아들 전화다. 인천공항인데, 손녀가 탑승수속 마치고 대기 중이라고.
 전화 바꿔 받은 나, 음성부터 떨린다. 어떻게 이 손녀 사랑하는 마음 고스란히 전하지?— 잘 전해야지 하는 욕심이 들어가, 떨면서 울먹이기까지… 내 마음. 좀 덜 전해지거나 못 전해져도 되지, 손녀 사랑하는 마음 꼭 다 전해야 하나? '어리석긴…'

 어머니는 심약해서 수줍고 연약한 맘으로 참고 살다 우울증 되고… 난, 말 못 하는 떨림까지 다 설명해서 전하려고 하니— 유치하고 빈축을 사기도. 오늘 아침도 손녀에게,
 "… 사람은 원칙을 저버리고 살면 안 된다. 하나님 말씀이 원칙이다…. 사랑한다."
 내 마음 다 못 전하고 망설이다 그만— "사랑한다."
 가장 사랑한다고 할 걸— 하나님도 이 세상에서 오직 나 하나만 사랑하듯 가장 사랑하신다.
 오늘 만나는 사람, 그를 가장 사랑하자.

작가 방에서 준환자 방 모드로

한 3, 40년 만나다, 요즘은 멀고 힘들어서 안 만나는 친지에게 드리는 내 속말이다.(안 만나니 그가 그립기도 해서)

'내가 당신을 그렇게 오래 만난 건 내 인생 중년, 노년을 드린(?) 것입니다. 지금 내 후기의 삶은 지난 우정 추억하며 사는 그런 삶 아니어야지요. 늙고 미약하지만 나를 필요로 하는 사람 도우며 살아야— 당신은 내가 더 필요 없는 영육 간에 완성된(?) 인격체. 이런 나, 이해하시고 지난 삶들을 마음 잔치로 감사하는 당신은 역시— 태평양이란 별명이 어울리는 여인입니다.'

미약하나마 작가적 삶 살고 싶은데, 몸이 안 따라준다.

계속 힘이 없어서, 내 방을 작가 방에서 '준환자 방 모드'로 바꾼다. 커튼을 확 싹 다 밀어 제치고, 통유리창 가까이 소파 놓고 동네 풍경, 하늘과 적극적으로 만난다.

인간이라면 누구나 한 생애 마지막에서,

가치 있고 의미 있는 일 하고 싶어 할 것이다.

오늘은 책 받는 날

 옛날, 집에 손님이 오면 사람들은 일찍 일어나서 마당 쓸고 집안 청소하고 음식 준비하고 분주해진다. 요새 나는 외출 않고 집에만 있어, 집안은 깨끗한 편. '손님맞이' 맘껏 즐거워만 하면 된다. 이 손님, 전엔 이렇게 맘 조이며 안 기다렸는데― 연말에 오기로 하다 연초에 오니, 그리 늦어진 것도 아닌데, 마음으론 이 손님이 아주 더디 오시고 우여곡절이 많은 것 같다.

 오늘 오시는 손님은 사람 아니고 내 책. 책에 실린 '객관적인 나' 맞이한다. 표지는? 내용은?… 내 삶에서 가장 기쁠 때가 책 받는 오늘 같은 날. 남편도 설레는지, 어제 외출했다 와서, "… 유 선생이 책 언제 나오냐고 묻데, 곧 내일모레 나온다고 했지, 고맙다고 하면서."
 "고맙다고, 잘했어요… 유 선생님 좋아요. 내 책 애독해 주시니까." "박 선생도 책 주문해서 나누는데? ○ 선생, ○ 선생도 주문하고…" 남편 친구들 노년 인생에, 내 글이 도움되었으면 한다.

흉보면서라도 닮으라고

 이 집 재건축할 때, 분당으로 가 세 살다, 안산 주공아파트(15평)로 이사 가 거기서 2년 반 살았다. 한 달 주거비가 분당보다 삼십몇 만 원 적게 들어, 안산에서 사는 동안 천만 원 모았다. 이사 간 날 밤, 작은 거실이 울고 싶게 좁고 답답해서 벽에 르누아르 그림부터 걸었다.

 안산 이사는 남편, 아들 며느리들 몰래 결정. 그들은 무조건 반대하겠지만, 난 한 푼이라도 절약하려고. 어쨌든 짐 정리하고, 옆집 젊은 엄마들에게 인사 가 보니— 좁은 공간(15평)에 가구들 애들이 바글바글. 다음에, 그 엄마들 우리 집으로 초대. 좁은 공간 활용방법이랄까, 아무리 좁아도 '책 몇 권 그림 한 점의 여유' 필요하다— 내 나름 '공간 살리기' 젊은 후배들에게 보였다.
 "흉보면서 닮는다." 남 흉보지 말라는 교훈적 속담이다.
 그때 젊은 엄마들이 '아이구 집 자랑하는구나.' 하더라도, 내 거실 보면서 자기 집 정리에 참고가 되었으면 했다.

선생님한테 배운 대로

설, 전에 동생이 준 15만 원. 어떻게 잘 쓸까?… 고 선생과 정희 님 만나는 날이다.

나는 봉투 셋 준비해서 5만 원씩 나눠 넣고, 만남 장소인 정희 님 댁으로 갔다. 점심 후, 그 봉투 꺼내서 세뱃돈이라고 드린다. 고 선생과 그 남편, 정희 님 남편, 모두 봉투 셋. 고 선생은 자주 못 만나니 부부 몫으로 드리고, 정희 님은 가까우니 우선 남편 몫만.

드리는 마음도 기뻤지만 받는 그들도 몹시 기뻐하고,

설 기분 난다. 15만 원 참 잘 썼다.

그 뒤 설 지나고, 정희 님 댁에 외상 세뱃돈 5만 원 갚으러 갔다. 늦은 세뱃돈 드리니, 정희 님도 준비한 게 있다면서, 예쁜 빨강 분홍 봉투 내밀면서— 빨강은 남편, 분홍은 내게 주시는 세뱃돈이라고. "선생님한테 배운 대로 하는 거요." 배운 대로 즉시 실천하시는 정희 님.

내가 그 15만 원, 내 일에 썼다면 이렇게 기뻤을까?

아아 문경 사과밭

'문경하면 시멘트'였는데, 이젠 문경하면 그 사과밭 주인이다. 지명地名도 거기 사는 사람 먼저 떠올릴 때가 있다. 정읍하면 순임 님, 영암하면 조 선생님. 장성 서삼면은 내 순창 할머니— 내가 독감 심하게 앓아누워 있을 때, 국수 오 선생이 책 잘 받았다고 문경사과와 사과주스 보냈다.

그런데 사과농장에서 내 주소 잘못 써 103동으로 갔다. 내가 아프다고 하니, 택배아저씨가 사과상자만 갖다 놓고 갔다. 사과 주스 상자는 103동 그 댁 앞에 놔두고.

그 댁에서 빨리 가져가라 하고, 이때 농장 주인은 지혜로웠다. 자기네가 주소 잘못 써, 잘못 배달된 주스는 103동 그 댁에서 드시게 하고, 다시 또 한 상자를 우리 집으로 보냈다. 아아 감격이다. 이런 지혜라니… 지혜는 사랑에서—

그 과수원 위한 기도가 나온다. 그 과수원 이름, 주님이 기억하실 것. 드러내지 않고 잠잠하면 때가 돼—
더욱 빛나게 드러나리라.

내 마음의 의자

어디를 가든 호젓한 데를 찾는 나. 얼마 전(2023년) 고창 가서, 모양산 자락 호젓한 곳에 놓여있는 나무 의자를 보았다. 그 뒤, 가끔 내 마음은 거기 그 나무 의자에 앉아 있다.

오늘도 오전 내내 지쳐 있다, 요코하마 김 선교사님 부부와 저녁 들고 귀가해서, 용건 있어 그 사모에게 전화.

그는 내 목소리가 지금껏 안 듣던 허약한 목소리라면서,

"나 같은 사람은 선생님과 얘기하면 되지만 선생님은 하나님하고나 하셔야지…"

내 피곤은 난해해서 하나님이나 아신다는 과대평가의 말씀—한 몸으로 영, 육의 삶 잘 살려고 하니—몸이 못 견디고 경고음 보내는 요즘, 모양산 자락에 두고 온 그 나무 의자에 자주 앉는다. 누구나 그런 마음의 의자가 있을 것. 그 2인용 의자에 가끔 요코하마 사모를 앉히고 싶다.

'사람으로 어찌 할 수 없는 내 피곤'을 아시고—

그런 나를 한없이 존중해주시니까.

별빛 같은 내 사랑아

'남편 생신(91세) 축하 모임 취소'
아들들이 준비했는데, 남편이 극구 사양했다.
이유야 어떻든 참 잘된 일이다. 그 뒤 남편은 취소 전에 세운 자기 계획을 아내에게 말해준다.

"그때(생신 모임) 내가 부르려고 한 노래는 '별빛 같은 내 사랑아'" 나는 웃음을 겨우 참는다. 나는 '별빛 같은 내 사랑아' 무슨 노래인지도 모른다.
남편 얘기는 이어진다. "그 다음은 '낮에 나온 반달' 1절은 내가 부르고 2절은 아내랑… 3절은 참석한 모든 이가 같이 부르고…" 그 얘기 들으면서 나는 '사람 속은 참 모르겠구나…'

얼마 뒤, 이 얘기 친구에게 했더니 그는 "지금이라도 늦지 않았으니 남편 모시고 노래방에 가서 소원 풀어드려요— 자녀들에게도 말해주고…" 나는 또 놀란다. 노래방?
내가 상상도 못한 친구의 처방. 생각과 처방이 이렇게 다른 사람들이 모여 사는 곳— 고독한 세상이다.

헌 스텐통 4개가 나를 말한다

　우리 집엔 큰 스텐 김치통 5개가 있었다. 오래전에 친구가 하나 달래서 내가 사서 쓰던 좀 나은 것 드리고 4개 쓰고 있다. 얼마 전 또 한 친구가 스텐통 많다 하니 달래서, "오래돼 바킹이 낡았어요" "스텐통은 바킹이 생명인데…." 싫다고.
　내가 쓰는 통들도 다 바킹이 거무스레하게 닳거나 끊어지거나 빠지거나. 그래도 못 버리고 쓴다. 친구 말 듣고― 난 이런 걸 못 버리고 쓰다니, 이게 바로 내 거지 근성이구나. 스텐통 바킹 닳아져 헐렁해도 플라스틱보다 깨끗하다고 쓴다. 스텐통 넷, 친구 친지가 쓰다 준 것들. 오래된 내 주방 친구들이다.

　허술하고 약한 자 보면 내 혈연처럼 끌리듯, 그릇도 어지간히 낡아도 아깝고 정들어 못 버리고. 가난한 시대 살았던 가난 만드는 작가인 나, 남들이 웃을 정도로 남루하게 산다.
　유행 지난 옷 입고 헌 그릇 쓰면서 얻은 건,
　'낡고 허름한 물건은 내게 묘한 안정감을 준다는 것.'

밥은 남겨도 국물은 남기지 마세요

아현동에 있는 가마솥 국밥집 여주인.

그는 가끔 단골손님인 지긋한 손님들 향해서 조용히 속삭이듯 말하면서 거닌다. 그 집은 쌀이 좋아서 밥도 맛있고, 그래서 하는 말인가?

"밥은 남겨도 국물은 남기지 마세요…"

밤새 고아서 우려낸 소머리뼈 진국, 한 모금이라도 손님에게 더 먹이려는 여주인 마음이 전해져, 그 뒤로는 국물 한 방울 안 남기고 다 먹는다. 밥도 다 먹고.

여주인의 목소리에 담긴 진심이 통해서다.

사람은 아프면서 산다

한파 주의보가 내리고 혹한이 계속된다.

그러나 가장 춥다는 어제 나는 동네 친구 만나고. 오늘 (-10도)은 아현동 친구 만나 점심 들고 저녁때, 오뎅집에 가 김 펄펄 나는 오뎅 국물에 어묵 먹고.(친구는 60대)

독감 앓고 난 뒤. 분당 수내역 근처 이 선생 댁 초대에 가고, 이튿날은 영하 12도에 독자 만나 책 드리러 탄현역으로… 그 뒤, 또 많이 앓았다… (사람은 아프면서 산다.)

그 무렵 눈 많이 오는 날, 두 동생과 오빠가 만나는 날. 동생들은 미끄러워 못 만나겠다, 오빠(91세) 혼자 운길산 (지하철로 1시간 반) 갔다. 눈길 걷다 서너 번 넘어졌다고—

이런 말이 있다. "… '추운 나라'라는 말은 얼마나 매력적으로 들리는가. 빙판 길 걱정에도 불구하고 그 말에서 여전히 감흥을 느낀다면, 당신은 아직 젊은 것…"

오빠는 아직 젊다.

립스틱 짙게 바르고

 그 추운 날 만난 친구(60대) 립스틱이 살아있다. 그녀 생명까지 살아있게 한다. 살구색 립스틱이 잘 어울리는 그녀.
 IMF 때 꽃이 더 많이 팔렸다는 꽃집 친구 말을 가끔 생각한다. 인간에게 꽃은, 색과 향은 무엇일까?… 미국 워싱턴 백악관 근처 고급 주택가에서 살던 어느 독자(여)가 파산하고 쫓기듯 한국으로 가는 비행기 탑승 전, 지갑에는 몇 달러밖에 없다. 이 걸로 우유 살까, 립스틱 살까 망설이다 결국 립스틱 샀다고. 그녀는 출중한 미모라 그랬을까?… 허약한 나는 우유를 샀을 것. "립스틱 짙게 바르고"라는 트로트도 있다.

 오래전부터 난 영양크림 하나 바르면 화장 끝, 귀찮아서다. 내가 작가요 주부이기에 할 일이 너무 많다. 그러나 입술이 발그스럼한 여인은 아름답다. 나는 아름다움을 만드는 사람— 내가 아름다워선 안 된다.
 대장간 집 식칼은 무디다는 옛말이 있다.

노르웨이 산 자반고등어

동네 친구가 병원에 갔다 돌아온다면서 전화한다.
"선생님 우리 집에서 점심 먹어요."
집에서 가까워서 갔다. 그는 밑동 파란 햇무 넣고 갈치 조렸는데, 어찌나 맛있던지 옆에 놓인 굴비엔 손이 안 갔다.
며칠 뒤, 나도 집 근처 골목 시장에 갈치 사러 갔다. 갈치 값도 모르면서… 실갈치도 만 원 넘고 보통 2만 원.
노르웨이 산 자반고등어(6천 원) 사들고 왔다.

몇십 년 전 얘기다. 시숙님이 잠시 인천대 근처 사실 때 어머님도 같이 계셨다. 애들 큰엄마는 서울 집에서 직장 다니시기에 내가 가끔 반찬 해 갔다. 그때도 좋은 갈치는 2만 원 이상. 내 맘에 든 가장 좋은— 큰 갈치 사, 구워서 버스 타고 지하철로 '중간 목적지'에 내리면 인천 동생이 열무김치 담가서 한 통 들고 서 있다. 그때도 나는 약해서 동생들이 많이 도와줬다.
갈치, 그런 비싼 생선— 아직 난 먹을 수 없다.
비싼 음식은 내 입 안에서 몹시 쓰기 때문.

우정은 왜 이렇게 어려운가?

"친구 따라 강남 간다." 친구 따라 지옥 간다는 말도 들었다. 강남 아니라 지옥까지도 따라간다는 어느 목사님. 친구 위해 목숨도 바치려는 그 숭고한 우정 보시고, 사랑이신 하나님이 지옥 가게 하시겠나?… 두 사람 다 구원하시리라.

모세가 하나님께 이스라엘 백성의 죽을죄 용서하시고 대신 자기 죽여 달라고 했으나, 하나님은 모세와 그 백성 다 살리셨다.

친구 위해 지옥도 따라가는 우정 보시고 하나님은 둘 다 살리시는 기적도 만드실 분. 그러나,

세상 사랑이나 우정에는 한계가 있다. "시절 인연"

때가 되면 이루어질 것은 이루어지고 끝날 것은 끝나, 그 시절 지나면 가부간 결정 나니, 너무 연연해 말고 새 사랑, 새 우정 맞이하라고— 그러나 나는 새 사랑, 새 우정 맞이하기보다, 있던 우정 잘 지키련다.

그간 멀리 간 우정 있다면 다시 맞이해야지— 만나지 못해도 새벽에 눈 뜨면 그 이름, 하나씩 울먹이며 부를 때가 있다.

요리사 선생님을 위하여

"(작가님) 안녕하셔요. (어젯밤) 자기 전에 생각해보니, 저 때문에 과식하신 게 아니실까… 후회했어요. 우리 나이엔 셰프 걱정할 게 아니라 스스로의 건강을 더 생각해야 하는데… 죄송합니다. 그럼에도 건행建幸 하셔요."

어제 점심 같이 든 청옥 님이 오늘 아침에 보낸 글이다.

어제 점심은 중국 요리집에서, 그와 나는 소식하기에 가벼운 코스 요리 주문. 그 음식도 남기자, 청옥 님이—

"음식 남기면 셰프가 먹어본대요. '맛이 어때서 손님이 안 드셨나' 하고…"

"그럼 우리 반씩 나눠서 다 먹어요. 셰프 걱정시키면 안 돼요." 그렇게 우린 음식 안 남긴다.

내가 청옥 님에게 보낸 답글—"그렇잖아도 글 드리려는데, 우리가 어제 한 일 중 가장 잘 한 일은, 셰프 생각하고 음식 안 남긴 일이어요…" 세상이 각박하다 해도 돌아가고 있음은, 셰프 위한 이런 작은 마음들의 힘이 아닐까?… 처처에 숨어 있는 수많은 작은 힘들이 지금 일을 하고 있다.

네 인생, 아직은 봉오리다

사촌(평택: 60대 초)이 보낸 글이다.

"이제 겨울잠에서 깨어난 곰처럼 모처럼 도서관에서 마시는 차 한 잔과 여유롭게 언니(기일혜)를 만나는(책) 시간. 항상 존경합니다. … 옆에 착석한 초면인 성경 쓰기 모임 회원들과 만나 언니 이야기도 나누고 뜻깊은 날이네요."

"넌 항상 어디 가나 의미 있는 존재구나."

그다음 날인가, 그 사촌이 택배로 보낸 꽃다발. 겨울에 받은 싱싱한 꽃들, 오래 보려고 옥색 양동이(플라스틱)에 꽂꽂이 잘 해서 사촌에게 사진으로 보낸다. 그리고 며칠 지나서 보니, 꽃봉오리들이 다 피어나서 그야말로 화사 화사!… 사촌 동생에게 만개한 꽃 사진과 함께 이런 글도 보낸다.

"네가 보낸 꽃다발 봉오리들 만개했다. 네 인생은 지금 봉오리다. 하나님 앞에서 활짝 만개하길!…" / "아뜰리에 같네요…" / "성경 쓰고 산책하는 여인들 속에 내 동생(사촌)도 있다니!… 내 책 좀 보낼게, 성경 쓰는 고귀한 여인들에게 드려라— 하나님 일, 심부름만 해도 복이란다."

4부

그들은 내 강의보다
내 국밥을 더 좋아했다

토론토 깻잎과 이천 깻잎

　이천 김 선생이 밭에서 막 꺾은 싱싱한 깻잎 대를 그대로 보냈다. 그 향기 맡으면서 밴쿠버 토론토 집회 가서 고생한 일이 생각난다. 한 달간 토론토 집회 갔을 때(61세), 토론토 근교 교회 가서 사흘 묵은 숙소는, 저명한 토론토 대학 수학 교수님 댁. 아주 소박한 2층에서 기거하는데, 여름이었다. 집회 동안, 과로로 잠을 설치면서 어렵게 감당했다.
　어지럽고 지친 몸이 멀미까지 심해서 근거리 이동에도 힘들었다. 집회 갈 때마다 교수님 댁 마당가 텃밭에 심어놓은 들깻잎 따들고 차에 올랐다. 들깻잎 향기 맡으며 가면 신기하게도 멀미 덜 하며 살아났다.

　그때, 그 교수님 댁에서 사모님 생활 태도 보고 많이 배웠다. 한국에서 보던 오래된 가재도구— 그 댁엔 문명 기계가 살지 않고 자연이, 사람이 살았다. 텃밭 깻잎도 그렇고. 한국의 소시민 가정 보는 듯— 25년 지났어도 교수님 댁 소박한 안온함이 그대로 내 맘속에 남아 있다.

페르메이르의 "우유를 따르는 여인"

"볕이 잘 드는 창 앞에 서서 여인이 우유를 따른다. 천천히 흘러내리는 흰 우유가 어찌나 진하고 부드러워 뵈는지 풍부한 그 맛이 입안에서 느껴지는 것 같다… 묵직한 청색 앞치마, 힘주어 주전자를 받쳐든 여인의 흰 팔뚝, 몸에 꼭 맞게 바느질한 노란 상의… 명징한 색과 질감은 2억 화소 카메라로도 찍히지 않는다… 미술사에서의 페르메이르의 의미는 비유하자면 우렁찬 목소리의 웅변가들이 광장에 모여 저마다의 영웅 서사를 목 놓아 외칠 때, 보통의 삶 속 소박한 순간을 정제된 언어에 담아 낮게 속삭이는 시인 같은 화가다…"(우정아의 아트스토리, 513)

페르메이르는 자녀가 열다섯(넷은 어려서 죽음) 대식구의 가장이었다. 그림 그려 먹고사는 전업 화가— 작업 속도가 아주 느렸고, 판매에도 적극적이지 않아 생계유지가 힘들었다. 그는 건강 악화와 스트레스로 43세, 심장병으로 죽었다. 시인 같은 화가의 그림, 나는 경탄, 경탄!

'자기 미움' 아닌 '자기 추앙' 시대

　제주도 친구에게 책 보내고 전화한다. 10권 보냈다니, 놀라는 친구에게 말한다. "사범학교 때 나를 그렇게 잘 봐줘서 고마웠어. 그 뒤, 나를 비하하지 않으려고 해. 나는, 나를 많이 비하했어… 내가 나를 판단해선 안 되는데, 사도 바울도 자신을 판단 안 한다는데…"

　"무슨 말을 그렇게 해, 늬가 얼마나 자랑스러운데… 우리 어머니는 시집가려면 장성 기 씨, 소모리 ○씨, 어려서부터 뼈에 박히게 들어서 나는 너를 존중했다… 우리 집도 이모들이 다 일본 유학 다녀오고…" "이모님들이 그러셨구나… 그래서 자네도 서울로 유학 가고."

　공부하고 싶던 나는 서울로 대학 간 그를 부러워했다. 그는 지금 제주도에서 약국 경영하는 남편 도우며, 그곳 찾는 외국관광객 자원봉사자(영어, 중국어). 대학 못 간 나는 지금도 인생 공부하는 평생 대학생— 요즘은 "자기 미움" 아닌 "자기 추앙" 시대— 그래도 난 그 말이 낯설기만 하다.

엄마는 라일락 향기 맡으러 나왔다

그해 봄, 외출해 있는데, 아들 전화다.
"내일 못 가겠는데요. 일이 생겨서… 밖인가요?"
"그래, 엄마 오늘 라일락 향기 맡으러 나왔다…"
전화받는 걸, 옆에서 본 친구가 놀란다.
"어떻게 그런 말을 아들에게 하세요?"
"그런 말 아들에게 하면 안 되나요?"

그해 여름, 친구 집 식탁에서 본 선홍색 제라늄 한 송이. 친구의 말처럼 폭염을 견뎌낸 "인고의 신음" 맺힌 듯, 무섭도록 강열했다. "작가님 이 꽃 좀 보세요. 제가 일생에 처음으로 한번 따다 놨어요." 그 집 베란다는 햇빛과 바람이 꽃들과 놀아줘, 그리 처연하게 곱나!

그해 봄, 라일락 향기와 그해 여름 제라늄 꽃 색은, 신이 내 가슴에 가만히 넣어주신, 선물이었다.

98%만 웃는 나

나는 조심해야 할 사람이 많다. 특히 내가 좋아하는 사람일수록 조심해야— 걷잡을 수 없이 또 누구에게 쏟아지려는 열정이 아직도 내 가슴 바닥에서 타고 있으니까… 오늘 아침 또 흔들린다. "답신은 하지 마셔요 ㅎㅎ"

그가 '답신은 하지 마셔요'로 끝냈다면 안 흔들렸을 것.

그 "ㅎㅎ" 소리에 내가 흔들린 것. 그의 웃음소리는 100% 순전하다. 그런 웃음소리 듣는 건 통쾌한 일. 난 그렇게 못 웃는다. 98%만 웃고, 2%는 나와 상대 웃음소리를 듣고 있다.

사람은 묘한 데 흔들린다. 친구는 ㅎㅎ 두 글자로 내 마음을 훔친 것. "트롯 경연"도 시청자 마음을 훔친다는 심사위원 말 들은 적 있다. 글도 독자의 마음 훔치는 것? 여기서 훔친다는, **빼앗다**보다 나도 모르게 **빠져든다**. ㅎㅎ 한마디가 나를 얼마나 흔들었느냐 하면, '그 친지를 집에 초대하고 싶다'까지 이르고. 알 수 없는 내 마음이다.

그 웃음소리가 그립습니다

섣달 그믐날이던가? 그 친지가 내게 메시지로 보낸 카드 "새해 복 많이 받으세요." 그리고 이어서 "답신은 하지 마셔요 ㅎㅎ" 웃으면서 보낸 인사에 내가 보낸 답글은 이렇다. "설날 아침입니다… /
'ㅎㅎ' 그 웃음소리가 그립습니다."

(아차, 내가 이런 말 하면 안 되는데, 그를 그리워한다는 얘기하면 안 되는데…)

그동안 무심히, 심히 무심히 지내다 갑자기 그 웃음소리가 그립다니… 얼마나 한결같지 못한 처신인가? 그래도 좋다. 내가 경박하고 자존감 없어 보여도, 이런 나로 해서 그가 기분 좋다면 그건 선한 일. 내 자존감이야 망가져라—

상대방이 기분 좋다면 그 이상 뭘 더 바라랴.

'나는 망해야 하고 친구는 흥해야 하고'
친구 위해 망하는 게 결국 내가 흥하는 길이기도 하니까.

(요한복음 3:30 참고)

내 속엔 무엇이 살고 있을까? 1

"산 넘어 남촌에는 누가 살길래 /
해마다 봄바람이 남으로 오네."
내 맘 속엔 무엇이 살고 있을까?… 요새 들어 부쩍 더 생각혀진다. 내 속엔 기쁨이 살고 있다. 가장 큰 기쁨은 사람과의 만남— 내가 미국 캐나다 집회 가서도 꼭 말했다.
"나를 나이아가라, 그랜드캐년 구경시켜 주려고 말고 사람을 만나게 해 주세요."
하나님 형상으로 지음 받은 사람만이 내겐 새롭다.
나는 오늘도 새로운 기쁨 얻으려고 사람 만나러 간다. 못 나가면 전화나 스마트폰, 글로도 만나고.

만남은 상대를 존중히 여길 때 시작이 되고. 지속하려면 오래 참아야. 상대에게 실수하면 용서 구하고— 사람은 부족해서 서로 용서함이 필수. 그렇게 계속 만나야 온전한 진실인 사랑을 알게 되는 것. "인간은 오류를 오가면서 온전한 진실을 발견한다." 요새 내 새로운 좌우명이다.

내 속엔 무엇이 살고 있을까? 2

 내 속에는 기쁨이 살고 있고, 그 옆에는 '종의 근성'이 살고 있다. 사람을 만나면, 본능적으로 저 사람 어떻게 기쁘게 해드릴까, 자동반사적으로 자동인형 같이 맞춤형(?) 인간이 된다 할까. 어떤 이는 비겁하다고도 할 것이다. 그렇다. 나는 비겁하다. 상대에게 아첨한다고도? (선의의) 아첨도 비겁도 좋다. 그렇게라도 상대 마음 안 다치면서 관계하고 싶다.

 관계하려면 나를 낮추고— 상대를 인정하고 지지해야.

 이런 과정을 견디는 힘이 내게 좀 있다면, 내 천성적인 종의 근성이다.

 종의 근성으로 사는 삶— 그런 삶은 내가 세상에서 당하는 고통일 수도 있다. 그러면서라도 관계 맺고 싶은 마음은, 그 속에만 참 기쁨이 있으니까.

 예수님도 종의 형체로 오셔서 죽기까지 우리를 섬기셨다.

내 속엔 무엇이 살고 있을까? 3

내 속에는 자랑도 살고 있다. 바울도 나를 본받으라 했고 부득불 자랑하기도 했다. 그는 주님이 3층천 보여준 유일한 사람, 많은 신약성경 쓴 사도다. 자기를 본받으라고 자랑할 만하다. 나 같은 사람 이야기도 어찌 보면 다 자랑.

나는 멘토가 없다. 사람은 다 부족하단 걸 선험으로 알았기에. 내 자랑은 천성적, 성경 에베소서 말씀에 근거한다.

"곧 창세 전에 그리스도 안에서 우리를 택하사 우리로 사랑 안에서 그 앞에 거룩하고 흠이 없게 하시려고 / 그 기쁘신 뜻대로 우리를 예정하사 예수 그리스도로 말미암아 자기의 아들들이 되게 하셨으니"(엡 1:4~5)

그러므로 이 말씀이 내 자랑 근원이다. 나는 창세전에 주님이 예비하신 생명, 내 속에 자랑은 태생적인 자존감. 그래도 예수님처럼 겸손해야—

나는 내 가난을 약함을 자랑한다.

내 종의 근성, 거지 근성을 자랑한다.

나는 좋은 것 가지면 불편해지는 사람. 이유를 모르겠다.

선생님 자랑은 자랑 안 같아요

 몇 년 전, 출판사 여직원 두 분이 퇴근해서 저녁에 우리 집에 오셨다. 대화 중 한 분의 말씀. "…선생님 자랑은 자랑 안 같아요." 그는 내 글을 편집하면서 작가 속내를 알기 때문인가? 아니면 자랑하는 사실보다 그 속에 들어 있는 메시지가 강렬해서인가? 내가 자랑해도 주님 안에서 하는 자랑이라 곧 하나님 자랑이란 말인가?

 전에도 한 편집실장님이, "선생님은 가난하다고 해도 가난하게 안 느껴져요." 다음 성경 말씀이 뒷받침한다.
 "…가난한 자 같으나 많은 사람을 부요케 하고 아무것도 없는 자 같으나 모든 것을 가진 자로다"(고린도후서 6:10)

 비약해서 적용한 것 같지만—내가 가난 만들면서 이웃을 조금이라도 부요케 했다면—나는 가난한 자 같으나 모든 것을 가진 자—성경 말씀이다.

가리나무 해서 머리에 이고

우리 고향 쪽 방언으로, "깨춤 춘다" 깨벗는다(벌거벗는다)는 사투리와 춤춘다는 표준말의 합성어 아닌가? 유치하게 자기를 벗고 막 노는 걸 비하해서 깨춤 춘다. 오늘 아침도 갑자기 동생 말이 생각나 웃음이 터진 나!

집에 땔감이 떨어져(아버진 책만 보고) 어머니 동생들과 내가(열몇 살?) 어디 산에서 가리나무(떨어진 솔잎 모은 땔감) 해서 머리에 이고 신작로 걷는데, 내 친구가 오고 있다. 창피해서 얼굴 가리려고 머리에 인 가리나무 단 잡아당기다 그만 눈앞을 가려, 길가 언덕으로 굴러 떨어졌다. 그 꼴이 얼마나 우스웠는지— 얼마 전 그 얘기하고 웃을 때 동생은, "창피해서 누구에게 그런 말 안 해." 난 오늘 아침도 남편에게 하니, 듣기만.

실컷 웃고 난 내가— "당신 앞에서 내가 깨춤 추고 있네."
가난하게 산 것 내 잘못, 창피한 일 아니다.
"내 가난은, 내 평안이다." 내 수필집 제목도 있다.

모든 사람은 흉터를 가지고 있다

"여보 오늘 아침만 국 없이 자실 수 없나? 내가 지금 글 많이 써서 어지러운데, 국 없이 더운물 한 대접만 놓고 먹으면 안 되나. 어머님도 잘 그러시던데."

아내가 애원해도 남편은 대답 않는다. 괘씸하기도 하지만 오죽하면 저럴까? 늙으면 식도가 좁아져 국 없이 음식 못 먹는다는 노년들 많다.

'에이, 내가 독하게 맘먹으면 어지럼도 누르고 국 끓인다.'

채소 칸에서 무 꺼내 무국 끓인다 — 며칠 전 내가 동네 친구에게 한, 김 얘기. "…남편이, 어제저녁에도 김 봉지만 놓고(식탁에) 들어갔대. 안 썰어놓고…" 그 얘기 끝에 동네 친구가 말한다. "그런 남편을 간이 배 밖으로 나온 남자라고 해요… 그래도 선생님이 남편 만난 건 로또 맞은 거라고요. 그렇게 남편 책임 다 하는 분 어딨어요." 평생 남편 앞에서 깨춤 춘 나. 나도 간이 배 밖으로 나온 여자가 아닌가?

"모든 사람은 흉터를 가지고 있다."

나는 남편 앞에서 더 많은 흉터 보이면서 살고 있고.

아버지 활연豁然풀이 해드려라

　어머니는 초등학교 4학년 때 장질부사 앓아 학교 더 못 다니고 독방 선생님 앉히고 공부해서 유식한 편. 어머니가 쓰시던 생활용어 중 속담, 명구가 많다. 딸들이 삐쳐서 밥 안 먹으면—"늬가 무슨 유세통 지녔냐?" 유세통은 옛날 암행어사가 가지고 다니던 마패 같은 것?

　내 인생을 지탱한 어머니 말씀, "열 번 잘하다 한 번 못하면— 그 한 번만 기억하는 게 사람이다."

　아들이 오늘 집에 못 온다고 전화하기에 아버지에게도 하라고 권하는— 내 말속에서 튀어나온 말, "활연 풀이"
　한 7, 80년 만에 나온 말이다. 어머니는 무슨 일 안 돼 속답답하다 풀리면, "아이고 시원하다. 활연 풀이 했다."
　남의 일이 풀려도 "아이고 가느실 댁 활연 풀이 했네."
　오늘 아침에 처음 내 입에서 나온 그 말, "아버지에게도 못 간다고 전화해라. 아들 전화 받으면 그렇게도 좋아하는 아버지, 활연 풀이 하시게… '활연 풀이' 너한테 처음 쓴다."

우리는 오류를 오가면서
온전한 진리를 발견한다

어느 영화(라스트 세션(2024))에 나오는 대사 한마디가 온통 나를 사로잡고 있다. 자다가도 일어나서 그 구절을 다시 읽는다. 그 대사는 바로—

"우린 오류를 오가면서 온전한 진실을 발견한다."
"From error to error One discovers the entire truth"

나는 그 빛나는 대사를 내 삶에 적용해서 내 것으로 만들려고 한다. 인간관계는 수많은 오류를 오가면서 드디어 온전한 진실을 발견하게 된다! 인간관계에서 발견되는 온전한 진실은 사랑이다. 그간의 많은 이기심 버리고 그동안 소원하다시피 한 친구들, 친지들 다시 만나야— 그들을 내 이야기 속으로 들어오라 말고, 내가 들어가야.

관계 다시 하려면 체력이 문제다. 그래도 약한 체력으로 선한 일에 매진하면, 그 매진이 힘을 주지 않을까.
의미 있는 일이 힘을 주듯이.

오래된 세 할머니의 사진

세 할머니들. 한실 고모할머니 서남 작은할머니, 내 양할머니인 순창 할머니. 이 세 할머니가 50대(?)쯤, 당당하게 팔짱 끼고 나란히 서서 찍은 사진을 보았다. 품위와 위엄 가득한 전형적인 양가집 노마님들 모습. 거기서 나는 옛 여인들의 지조와 끈기 정신력을 강하게 받았다.

오늘 윤진숙 님(87세)께 내 신간, 설 선물로 쓰시라고 만난다. 기숙해 님(89세)이랑. 먼저 윤 선생님 얘기— 가끔 동네 서점에 들러 기일혜 책 둘러본다. 한 번은 내 책이 있던 자리에 안 보여, 주인에게 "〈나는 왜 떨리는가?〉 어딨어요?" "저쪽으로 옮겨놨어요." 그는 가슴으로 쓴 기일혜 글, 가슴으로 읽어야 한다면서, 그날도 서점에서 내 책 한 권 사고.

조신하게 듣고만 있는 기숙해 님. 그들 있어 내 세상이 든든하다. 만나면 "들장미" 독일어로 합창하는 그들.

내 할머니들 같이 정신미가 있다.

나라 밑거름된 한국 어머니들의 부덕과 지조(정신력).

내 핏속에도 흐르고 있다.

죽도 아닌 것이 밥도 아닌 것이

눈이 내린다. 반듯이 내리니 묘하게 답답하다. 눈이 바람에 흩날려야 살아있어 보여서 좋다. 곧 눈이 비로 변한다. 눈과 비가 섞여 내리기도 하고. 그걸 보면서 20년 전 내가 강사로 간 산골 교회가 생각난다.

그곳 여자 목사님은 교인들 차량 운행으로 바빠서, 남편 식사 잘 챙기지 못한다. 강사로 간 내가 미안해서 "계란프라이라도 하나 합시다…" 그 댁 식탁 걱정하면서 그 남편 눈치를 보곤 했다. 한 번은 목사님이 콩나물 밥 했는데, 밥이 많이 질다.

그래서 내가 그를 위로한다. "밥도 아닌 것이 죽도 아닌 것이 왜 이렇게 맛이 있노!" 우린 주방 싱크대 앞에서 얼마나 통쾌하게 웃었던지… 지금 생각해도 통쾌하다.

오늘 눈이 오다, 비가 오다 하기에 그때 생각이 난다.

내가 유머스런 건 아니지만 그의 실수 감싸려는 마음에서, 순간 재치라 할까?… 유머고 재치고,

배려 친절함이 받쳐줘야— 오래간다.

산국화가 피었네요

 산국화— 짙푸른 잎에 묻히듯, 싸락눈 같은 노란 산국화 송이가 지천인 친구네 아파트 정원. 그 자잘한 꽃송이를 감출 듯 보일 듯 피어있는 산국화가 절정이다. 그 옆에 꽃송이 큰 개량국화를 심어놨는데, 꼭 순박한 아가씨 옆에 어설프게 화장한 도시 여자가 서 있는 것 같다.

 마중 나온 친구 따라 산국화 핀 정원 지나는데, 쉼터에 늙수그레한 아주머니들이 앉아 가을볕 쬐고 있다. 어떤 할머니가 등에다 쬐끄만 라디오 같은 걸 메고 몸 흔들면서 "내 나이가 어때서" 부르는데, 내가 웃어주니 계속 따라오면서 춤추며 사랑한다는 손동작까지— 나도 돌아서서 약간 몸 흔들어주다 보니, 친구는 가버린다. 청초한 산국화 같은 내 친구. 곧장 가 버리는 그가 매력적이다.
 친구가 산국화면 난 개량국화? 어찌 보면 난 간에 붙었다 쓸개에 붙었다. 간도 쓸개도 수용한다?… 사람이 죽고 사는 일 아니면, 이도 저도 용납하면서 사는 것도 괜찮지 않을까?

발레 배우는 시간이 있었어요

친구 집 가다, 노래하고 춤추는 할머니 만나 대꾸해 주다가 나, 마중나왔다 앞서 간 친구 보고 민망했다.

그 댁에 들어가서 친구에게 묻는다. "내가 노래하고 춤추는 할머니 따라 몸 흔들어주니 못마땅했지요. 씽씽 앞서 가시던데요." "저는 몸치인가 그렇게 몸이 안 흔들어져요. 선생님은 리듬 있게 흔드시던데요." "그 할머니가 하도 흥에 차서 춤추며 따라오는데, 뿌리칠 수가 없어서 받아줬지요. 더구나 사랑한다고 손가락 동작까지 하면서."

"아아 선생님은 학교 선생님 해서 그렇게 잘 움직이겠네요." "사범학교 다닐 때, 발레 배우는 시간이 있었어요."

"당신은 마음이 곧아서 싫은 건 억지로 못 하시지요?" "저는 맘에 없는 말은 안 나와요… 억지로라도 '사랑합니다' 하라고 시키면 (거기서) 나와 버려요. 주여, 소리 지르고 기도하라고 해도 못해요. 조용히 해야지."

"사람을 획일적으로 취급하는 건, 생명의 독특성, 창조성 무시하는 것이지요."

나는 삼삼한 들판 사람

어제 친구 만나 한식 뷔페 집에 갔다. 사람이 많아서 대기하다(난 이미 지친 상태) 들어갔다. 내 자리 옆으로는 작은 분수대에서 뿜어낸 물이 산골짜기 물 같이 흐르고, 실내 장식 음식 좋으나 사람 많으니 식사도 안 즐겁고. 내 동네 9천 원짜리 오붓한 팥죽집이 생각난다.

이튿날 남편이 외출하면서 현금카드 주고 간다. 달란 말도 안 했는데 요새는 준다. 고마워서 이런 얘기가 절로, "난 사람 만날 때마다 동네 식당으로 팥죽 먹으러 갈 거야."

남편이 반박한다. "팥죽집 주인이 보면 웃겠네. 웬 사람이 날마다(?) 온다고." "팥죽보다 그 집 삼삼한 김치가 좋아서… 오늘, 봄동으로 삼삼하게 김치 담가야지."

"또 그 삼삼하게야?"

난 삼삼한 들판 사람, 순순하고 아득한 들판 같은 게 좋다. 음식도 삼삼해야 좋은데 요즘 음식은 진하다. 그래도 남의 입맛 존중해서 외식도 하지만, 담백한 김치 있는 정희 님 댁이 편안하다.

차디찬 군고구마와 커피 한 잔

외출했다 귀가해서 피곤한 저녁 시간에, 삼각지 친구가 보낸 글. "오늘 저녁 산책하시듯이 〈나는 왜 떨리는가?〉 삼각지 지하철역에서 견우직녀 만나듯이, 책 두 권만 갖고 오실 수 있을까요?"

나는 부리나케 책 3권 들고 출발, 먼저 가 기다린다. 맥없이 온 그가 뭘 넣은 봉투(군고구마) 주며 책을 받는다. 내가 "차라도 한 잔." "몸이 맛이 가서 오늘은 집에 가야 해요."

다음날 아침, 내리는 함박눈 바라보면서 어제 친구가 준 봉투 속 차디찬 군고구마에 커피 한 잔. '이거 꼭 아이스크림 같네… 아이스크림보다 더 순하게 달콤하네. 이 맛, 뭐야!…'

언젠가, 한 친구 집에서 점심 후 냉커피 마실 때, "혼자 마시면 이 맛이 안 나요?" 그 말이 생각난다. 내가 있어, 커피 맛 난다는 친구. 그땐 몰랐는데…… 내가 친구 커피 맛나게 하는 존재라는 게 얼마나 감사할 일인가. 그가 날 그렇게 필요로 한다는 걸, 그땐 왜 잘 몰랐을까?

친구에게 보낸 반성문

친구와 만날 장소, 그가 정한다.
"삼각지역 배호 동상 있는데 거기 앉아 있어요."
자기는 지금 남대문 시장 어느 가게라면서. 나는 일찍 도착해서 배호 동상 옆 의자에 앉았다. 배호 동상— 그의 사진 실물 크기의 초상화도 있다. 거기 긴 나무의자에 혼자 앉았다 곧 일어나 삼각지역 구내 통로를 왔다 갔다… 젊어서 요절한 그 가수 인생이 너무나 애석해서 못 앉아 있겠다.

삼각지역 통로 걷는 나를 보자 친구는,
"왜 저기(동상 옆) 의자에 안 앉고…"
"배호 가수가 의식 돼, 편치 않아서요." "…"
그는 가게에서 산 하늘하늘한 연보라색 머플러를 내게 준다. 난 하늘거리는 게 싫어, "당신 쇼핑 좋아하시구나!"
"나를 위해선 쇼핑 안 해요." 그는 내게 주고 싶은 마음에서 샀는데, 그 마음 몰라주고 나무라자 머쓱— 앗차, 내가 실수했구나 하고 곧 그 머플러 고맙게 받았다. 그래도 집에 와서 그에게 용서하시라는 반성문 써 보냈다.

소모적 낭만이라고요?

 이른 아침 정원(아파트)으로 나가니, 매화 몇 송이가 피었다. 향기가 짙다. '누구에게 이 향기를 보낼까…' 남편 보내고 슬픈 독자에게 보낸다.(전화) "… 일어나셔야지요."
 다음 향기는 '므이시킨(백치 주인공) 사모하는' 동네 친구에게 보내고… 우리 옆 집 부인, 영문과 학생 만나 향기 드리니, "매화 첫 송이 필 때 봤어요." 그도 나처럼 가슴 뛰셨나?

 오늘 이른 아침 친구들에게 보내는 새봄의 향기, 그들에게 안 전하고 어떻게 내가 이 봄을 살 수 있으랴… 남들은 코피 터지면서 힘들게 사는데… 소모적 낭만이라면, 용서하소서. 저 또한 주님이 만드신 생명, 어찌하오리까?
 이 매화 향기! 떨리는 마음. 그대들에게 전하지 않으면 이 가슴이 꼭 터질 것만 같습니다.

모란이 뚝뚝 떨어지는 날

김영랑 시 "모란이 피기까지는" 일부다.

"모란이 피기까지는 /

나는 아직 나의 봄을 기다리고 있을 테요 / 모란이 뚝뚝 떨어져 버린 날 / 나는 비로소 봄을 여읜 설움에 잠길 테요 // (……) 뻗쳐 오르던 내 보람 서운케 무너졌느니 / 모란이 지고 말면 그뿐 내 한 해는 다 가고 말아 / 삼백예순 날 하냥 섭섭해 우옵네다 // (……)"

올핸 눈이 많이 와 이틀간이나 눈만 바라보았다. 조금의 지루함도 없이. 그동안 쌓인 상처 치유받듯이… 오늘도 눈을 기다린다. 희끗한 게 날아만 다녀도 눈이 오시나?

겨울 아닌 때도 커튼 걷으면 내 눈엔 세상이 다 하얗게 보인다. 맞은편 건물 옥상 위가 눈 쌓인 것 같고… '눈이 왔구나…' 하다 아니지, 지금 여름인데… 눈 안 오는 날은 내겐 다 "모란이 뚝뚝 떨어지는 날" 모란 시인의 심정이 되는가?

언제나 덕德만 보고 살았습니다

91세 오빠 생신 날, 우리 여동생들과 매제들도 모였다. 한 마디씩 하는데 오빠 아들인 조카가 드린 말이 남았다. 간단하게 한마디— "언제나 덕德만 보고 살았습니다."

오빠는 살아온 경력, 얘기하고 끝으로 약간 울먹이면서 한마디, "그동안 편안하게 잘 살았다… 살면서 남을 불편하게 하거나 피해는 안 주고 살았다. 그래서 내가 편하게 산 것 같다."

모두들 마음으로 '오빠처럼 남을 편안하게 하면서 살아야지—' 나도 한마디,

"하나님 훌륭한 오빠 주셔서 감사합니다. 남은 생, 강건하시게…" 울먹이느라 끝말이 불분명. 어머니 닮아서 오빠, 나, 내 아들 중 한 사람, 울음이 많다 하니— 조카(오빠 아들)는 "저도 잘 울어요." 명석한 조카가 잘 운다니 뜻밖이다.

잘 우는 사람 또 있다. 광주 여동생. 그는 잘 울어서 언니 마음 가져가는가? 우는 게 질색이란 사람 많지만 그렇게 생겼는데 어쩌란 것인가?

친절, 그 위대한 힘

나른하고 피곤한 오후 소망도 정열도 시들어가는 오후.
무기력 무의욕으로 수렁 같은 데 빠져드는데, 갑자기 남편이 커피와 비스킷 들고 내 방을 노크. 소파 기대고 반쯤 누웠던 몸을 추스르는 나. 이럴 수가… 고마워서 몸 둘 바 모른다. 그 커피와 비스킷 잘 받아들이고 벌떡 살아난다.

물 오른, 봄 잎처럼 싱싱해진 몸으로 무생채, 콩나물, 시금치나물에 초고추장 만들고. 고기 구워 잘게 썰고 계란 프라이 얹은 비빔밥.
"어서 오세요, 오늘 저녁은 비빔밥이어요."
얼마만인가, 이런 비빔밥 만든 지— 몇 년 만이다.
남편의 친절, 배려는 몇 년 묵은 아내 솜씨도 되살려내는 힘이 있다. 주방에서 지친 아내에게 조금만 친절하고 배려하고 위로하면—
KAL 기내식 같은 영양 만점의 비빔밥이 식탁에 오른다.

그, 그랑프리 김치

"2년에 한 번씩 열리는 세계 최대 규모의 식품박람회(프랑스)로 130여 개국에서 40만 개 식품이 전시되었으며… 특히 '시알 셀렉션'에서 그랑프리 혁신상을 수상한 한국 '푸른 잎 김치' …"

그 푸른 잎 김치는, 김장 배추 절일 때 버리는 겉 이파리로 담근 김치다. 내가 가장 좋아하고 정희 님도 좋아하는 김치. 그가 얼마나 좋아하느냐면 결혼한 따님이 김장 때 버린다는 배추 겉잎 가져오라 해서 담그신다. 내가 그 댁에 처음 갔을 때, 그 김치 가닥 채 들었다. 그걸 칼로 싹뚝 썰어버리면 맛이 덜하다. 김치도 살아있나? 칼을 대면 아파서 쓴맛을 내나?

서후리 고 선생과 정희 님이 우리 집 거실(갤러리?) 보러 오시는 날. 정희 님께 부탁한다. "오실 때, 고 선생이 주신 배추, 겉잎 따서 담근 그, 그랑프리 김치 좀 가지고 오셔요. 제가 그걸 먹어야 좀 힘이 날 것 같네요."

사람마다 힘이 나는 음식이 다르다.

장어집에서 숯불 피우는 노인

 형제들 여럿이 장어집에 모였다. 난 처음에 장어 못 먹었다. 지금도 장어집에 가는 게 꺼려진다. 거기 가면 언제나 허름한 검은 옷 노인(남)이 참숯 피워 식탁에 놓는다. 그 노인 보기가 괴로운데, 어제는 그의 굵은 주름살, 검고 누르스름한 낯빛이 꼭 감옥살이하는 죄수 얼굴 같다. 그가 여자들 식탁 숯불 치울 때, 내가 정중하게 "감사합니다."
 그가 남자들 숯불 치울 때,

 동생 남편인 제부가 그 노인에게 팁을 준다. "남자도 팁 받아야지요." 다른 동생이 시중드는 여자에게만 팁 주는 걸 본 제부 말이다. 그러자 노인은 팁 안 받고 후다닥 저쪽으로 가 버린다— 여자가 대신 받아서 전하겠다고. 나는 그때 제부가 거룩해(?) 보였다. 나는 노인에게 팁 줄 생각 못 했는데, 그런데 팁을 주니 후다닥 달아난 노인은 어떤 사람일까?
 장어집에서 가장 힘든 일 하고도 팁 안 받는다고 도망가는(?) 노인, 하나님은 그를 주목해 보셨을 것이다.

무안 숙애 동생에게

10여 년 전, 무안 시골 교회 강사로 가다가 만난 조숙애 님. 광주시외버스터미널에서 무안행 버스 타고 그곳 정류소에 내렸다. 또 버스 타고 어디쯤 가다 거기서 택시 타야 한다는데, 말로 잘 가르쳐주어도 초행인 나는 어렵다.

그런데 그때 나를 그 택시 타는 데까지 친절하게 데려다 주고 간 숙애 님. 그 뒤, 그가 사랑이신 예수님 믿었으면 하고 '숙애 동생'이라 불렀다.

그 뒤, 내가 숙애 님에게 책을 보내면 받았다는 소식, 없을 때도 있어서 가끔 안 보내기도 하다가, 이번엔 그걸 회개하고 보냈다. 그랬더니 "작가 언니!" 하고 숙애 님이 전화했다. 그동안 남편은 떠나시고, 예수님 믿는 며느리 권고로 교회에 나가 신앙생활 잘 한다고.

"… 오시면 제가 나무새(나물)에 밥은 해드리지요."
남쪽 여인들의 정답고 살가운 말이다.
뭐든지 하다 말다 말고, 끝까지 해야—
이번에 책 안 보냈으면 숙애 동생 소식 못 들었다.

그들은 내 강의보다
내 국밥을 더 좋아했다

그날 아침. 남편은 식탁을 한번 보더니, 예상 밖의 한마디, "장교식당 같네." "별로 차린 것도 없는데… 근데 장교식당이 따로 있어요? 장교나 사병이나 같은 사람인데…"
남편은 내 말이 말 같잖은 지, 대꾸 없이 아침 들고.
난 2, 30년 전 동경 어느 강가 떠올린다.

그때 동경 집회 때, 우에노 공원에서 노숙자 보고 놀랐다. 더 놀란 건 그들의 깨끗한 옷차림. 한 달 집회 기간 동안 어느 교회 부탁으로 노숙자들에게 하나님 말씀 전했다. 장소는 어느 강변. 그날 거기 모인 많은 노숙자들, 야외에서 마이크로 통역된 강의였지만 내 혼신의 힘 다했다.

그리고 점심. 목사님은 강사 대접으로 다른 장소로 식사하러 가자는 걸, 난 거절— 노숙자들과 함께— 양은 대접 밥에 국자로 끼얹어주는, 국밥 한 그릇이 그들과 내 점심이었다.

그 국밥 들고 먹는 내 곁으로 노숙자들이 모여들었다.
그들은 내 강의보다 내 국밥을 더 좋아했다.

기일혜 작가의 끝나지 않은 이야기 5
내 속에는 무엇이 살고 있을까?

초판 발행일 2025년 5월 6일

지은이 기일혜
펴낸이 임만호
펴낸곳 창조문예사
등 록 제16-2770호(2002. 7. 23)
주 소 서울특별시 강남구 압구정로 404, 2층(청담동) (우 : 06014)
전 화 02) 544-3468~9
F A X 02) 511-3920
E-mail holybooks@naver.com

책임편집 김미정
디자인 이선애
제 작 임성암
관 리 양영주

ISBN 979-11-91797-72-5 03810
정 가 7,000원

※ 잘못된 책은 바꾸어 드립니다.